KB117253

RAEMIAN 한강 랜드마크_헬리투스

모든 것이 변했다
라이프도 변했다
집도 변해야 한다

다시 새롭게.

당신이 바라는
그 모든 변화를 담아

래미안
Your Life Companion

RAEMIAN

가족의 부담 덜어주는
All Care 간병보험

나를 위해, 가족을 위해 All Care 해주는
New 늘곁에 종합간병보험으로 미리 준비해두세요

나를 위해, 가족을 위해 All Care 해주는
한화생명 New 늘곁에 종합간병보험(무)

상담문의 080.365.6363 | 한화생명 ▼ | | 을 검색하세요

www.hanwhalife.com
생명보험협회 심의필 제2021-02902호 (2021-07-27 ~ 2022-07-26)   준법감시인확인필 CS 21-10-107   제작부서: 브랜드운영팀(2021.10)

세상에!

세상에, 없던 화학
렛제로

생분해 플라스틱으로 자연에 흔적이 제로인
지금껏 볼 수 없던 화학

재활용 플라스틱으로 지구에 부담이 제로인
어디서도 만날 수 없던 화학

환경에 해로운 것부터 탄소배출 순증가율까지 제로인
누구도 상상할 수 없던 화학

세상에 없던 친환경 화학, 렛제로가
지속가능한 내일을 만들어 갑니다

LG화학의 친환경 소재 브랜드 | LETZero

힘든일도
귀찮은일도
모두편한일로

KT의 AI 로봇이 일하겠습니다

레스토랑, 호텔 어르신 댁 공공기관까지
도움이 필요한 곳 어디든 찾아가
고객의 손발이 되는 로봇이니까

**모두의 일상을 편리하고 여유롭게
바꾸어 나가겠습니다**

무거운 그릇도 알아서 척척 우리 가게 서빙 도우미
AI 서비스로봇

어르신의 몸과 마음을 챙기는 다정한 말벗
AI 케어로봇

함께하는 공간을 소독하고 방역하는 안전 지킴이
AI 방역로봇 [출시예정]

AI 케어로봇

독립 투자전문그룹, 미래에셋

Transparent 투명하고 Generalized 투자하기 쉽고

TIGER

Innovative
혁신적이며

Efficient 효율적이며

Reliable
신뢰할 수 있습니

그래서, 이름이

TIGER ETF

TIGER ETF에 투자한다는 건, 투명하고 혁신적이고
쉽고 효율적이며 신뢰할 수 있는 투자를 한다는 것!
ETF를 대표하는 이름, TIGER ETF로 투자에 앞서가세요.

원칙을 지키는 투자 –
MIRAE ASSE
미래에셋자산운용

원칙은 곧게
믿음은 굳게

금융이 지켜야 할 원칙
고객과 지켜야 할 약속
한국투자증권이 지켜갑니다

한국투자 증권

인생의
꽃길만을.

멋지게 디자인된
미래를.

맛깔나는
일상을.

친구같은 **든든함**을.

든든한 내편 하나
교보생명 FP

활짝 핀 꽃길만을 선사합니다. 바라던 인생을 디자인해 드립니다.
맛깔나는 일상을 대접합니다. 친구처럼 당신의 곁을 지킵니다.
늘 고객 가까이에서 고객의 든든한 편이 되는 사람.
바로, 교보생명 FP입니다.

2022
경제 대예측

CONTENTS

PROLOGUE

연이은 대내·외 파고는 새로운 재도약의 기회

박정식 기자

경제위기, 이번엔 다르다. 원인도 경과도 대응도 역대에 없던 것이다. 비슷한 과거사가 있지만 내용과 형태가 너무 달라 참고하기조차 어렵다. 게다가 이번엔 금융시스템 제어와 경기 부양책만으론 감당할 수 없는 상황이다. 어쩌면 기존 시스템을 재편해야 할 정도로 포괄적인 진화를 요구하고 있는지도 모른다. 그에 따른 상처와 후유증도 적지 않을 것으로 보인다.

신종 코로나바이러스 감염증(COVID-19·코로나19) 얘기다. 지난해 초만해도 '포스트 코로나'(코로나19 사태 안정 후 다가올 경제·생활의 변화)를 언급하며 곧 종식될 것처럼 기대했었다. 하지만 코로나19가 전세계적으로 확산하면서 세계 경제시스템을 마비시켰다. 공장이 멈추고 직업을 잃고 일상이 차단되고 국경마다 지역마다 긴급 봉쇄가 이뤄졌다. 코로나19는 이후에도 여러 변이 바이러스를 양산, 사태가 장기화되면서 지금까지도 현재진행형으로 세계경제를 위협하고 있다. 국가간 연결고리가 과거보다 더 많아진 오늘날 코로나19의 경제적 파장은 더 클 수 밖에 없다.

>>> 반세기 동안 수 차례 경제위기 극복해와

수출 의존도가 큰 한국경제는 세계경제와 맞물려 있어 지난 반세기 동안 수 차례 경제위기를 겪어왔다. 첫 번째가 1973년과 1979년에 발생한 석유 파동(오일 쇼크)이다. 제4차 중동전쟁 발발 후 페르시아만 연안의 6개 산유국들이 석유를 무기로 삼아 생산 감축과 가격 인상을 단행했다. 이로 인해 각국에선 스태그플레이션(stagflation·경제 불황과 물가 상승이 동시에 발생)이 발생하고 한국도 대규모 물가 급등과 무역 적자를 겪었다. 당시 한국은 경공업에서 중화학공

<2022 경제 대예측> 주요 내용

세계 경제 어디로

중간선거 앞둔 바이드노믹스, 인플레이션 해법 대전환할까?	NO	80%
첨예한 미·중 갈등 속 중국 경제 성장 가능한가?	YES	90%
기시다 내각 부양책, 활력 잃은 일본 경제 살릴까?	NO	70%
'동남아' 속도 내는 K-유통, 제2의 기회의 땅 될까?	YES	75%

세계 경제 흔들 변수

'매'의 발톱 드러낸 연준, 긴축 시계 빨라지나?	YES	80%
경계감 더하는 외환시장, 달러 강세 이어질까?	YES	80%
코로나 사태로 커진 유동성, 인플레이션 쓰나미 올까?	YES	50%
글로벌 ESG 경영, 탄소제로 시대 가까워질까?	NO	80%

한국 경제 향방

기술개발·시장쟁탈 가속화, 중국 배터리 위상 유지할까?	YES	70%
세계는 반도체 전쟁 중, 한국은 패권 유지할까?	YES	70%
제약·바이오 성장 동력은 3세대 바이오의약품?	YES	60%
탄소중립 '그린 딜', 한국경제에 영향 미칠까?	YES	80%

국내·외 산업 동향은

가상공간 속 리얼 라이프, 메타버스는 차세대 인터넷인가?	YES	70%
온택트(ONTACT) 시대, 라이브커머스의 급부상	YES	85%
규제 뚫고 폭등한 집값, 새해에도 계속 오를까?	YES	65%

투자 가이드

몸값 커진 가상자산 시대, 비트코인 '투기'에서 '투자'로 진화 중	YES	60%
유동성 공급 축소 전망에, 코스피 박스권 탈출할까?	YES	70%
간접·분산 투자로 전환, 상장지수펀드(ETF) 인기 이어갈까?	YES	80%
수익형 부동산 인기, 새해에도 계속 뜨거울까?	YES	70%

업으로 산업구조를 전환하던 시기여서 석유 파동의 충격이 컸다. 한국은 이를 계기로 41년 동안 국내 9곳(구리·거제·곡성·동해·서산·여수·용인·울산·평택)에 석유 비축기지들을 건설하게 됐다.

이처럼 자원이나 소재를 무기로 악용하는 경제전쟁은 지금도 이어지고 있다. 일본은 2019년 7월 불화수소·불화폴리이미드·포토레지스트를 개별수출허가 품목으로 정해 한국에 대한 기습 수출 규제를 단행했다. 핵심 소재 공급을 막아 한국의 반도체 산업에 타격을 입히려 한 시도였다. 러시아도 2021년 12월 유럽에 공급하는 천연가스관 일부를 차단했다. 그러자 유럽의 천연가스 가격이 사상 최고로 치솟는 등 에너지 파동이 발생했으며 아시아로 여파가 퍼졌다. 러시아가 우크라이나를 장악하기 위해 무력 도발에 나서자 이에 개입하려는 미국·유럽에 경고 메시지를 보낸 것이다.

두 번째 경제위기는 1985년 채무위기였다. 수출 부진으로 경제성장률이 곤두박질치자 해외채권단들이 한국 채무조정에 나섰다. 당시 정부가 국내 물가 안정을 위해 1달러당 770원 수준에 묶어놓은 환율 정책이 영향을 미쳤다. 한국은 이후 1986~1988년에 3저(금리·유가·환율) 현상에 기대어 호황을 누렸다. 그러다 서울 올림픽을 치른 직후인 1989년에도 수출 둔화와 국제수지 흑자 급감으로 경제가 추락하면서 위기설에 시달렸다.

1997년엔 대공황에 버금가는 외환위기가 들이닥쳤다. 국제수지 만성 적자로 외환보유고가 텅 빈 것이다. 그 여파로 수많은 사람과 대기업들이 쓰러졌다. 국제통화기금(IMF)의 구제금융과 경제간섭을 받아야 했다. 그 후유증은 2000년대에 들어서도 계속됐으며 장기 침체의 늪에 빠지는 서막이 됐다.

2003년엔 카드 대란과 닷컴 버블(dot-com bubble)로 타격을 입었다. 정부가 국내 소비 진작, 세금 탈루 방지, 기업 생산 확대 등을 위해 신용카드와 현금

서비스를 확대하자 신용불량자와 가계부채를 양산한 것이다. 게다가 인터넷의 대두로 폭등했던 정보기술(IT) 업계 주가가 폭락하고 벤처기업들이 줄지어 파산하면서 IT 거품경제까지 꺼져 경제위기가 가중됐다.

이어 2007년 미국 서브프라임 모기지 사태가 경제위기를 불렀다. 미국의 모기지론 대출사의 파산이 대형 금융사·증권사 파산으로 이어졌고, 세계경제의 신용 경색을 일으켰으며 2008년 세계금융위기로까지 이어졌다.

>>> 경제 시스템마저 집어삼킨 코로나19 대유행

최근 한국을 비롯해 세계를 뒤흔들고 있는 경제위기는 코로나19다. 코로나 경제위기는 역대 경제위기들과는 차원이 다른 위협을 가하고 있다. 세계 각국은 세계금융위기 여파에서 헤어나올 경제전략을 제대로 구현하지 못한 상황에서 코로나19 사태까지 맞아 충격이 크다. 그간의 장기 경기침체에 실물경기 하락, 세계 공급망 차질, 인플레이션 자극, 사회양극화 심화, 생산성 하락, 등 코로나19가 빚은 갖가지 악재들이 겹쳐진 상황이다. 게다가 열강들 간 무역분쟁까지 격화돼 세계경제는 위기감이 팽배해졌다.

감염병 대유행은 과거에도 여러 번 발생했다. 하지만 코로나19 사태처럼 경제를 벼랑 끝으로 내몰진 않았다. 감염병이 발생했던 때 주가 흐름(모건스탠리캐피털인터내셔널(MSCI) 세계지수)을 살펴보면 바이러스와 경제와의 연관성이 적었음을 보여준다.

2003년 중화권에 사스 바이러스가 발생했을 때 주가변동률(발발 후 1년간)은 누적상승률이 약 35%에 달했다. 2009년 북·남미와 중화권·한국에 신종플루가 확산했을 때도 주가 누적상승률은 48%를 초과했다. 2013년 중동에 메르스가 퍼졌을 때도 18%를, 2014년 에볼라가 서아프리카에 확산했을 때도 6%를 각각 넘었다. 2016년 중남미 지역에 지카 바이러스가 등장했을 때도 단기간 주가 누적상승률은 마이너스였지만 1년간 누적상승률은 5%대에 안착했다.

하지만 코로나19는 주가 변동에 큰 영향을 미치고 있다. 변이 바이러스 등장 소식이나 백신 개발·공급 등의 소식이 들릴 때마다 세계 각국의 증시가 출렁일 정도다. 코로나19는 세계경제도 추락시켰다. 각국의 경제지수가 하락세로 치달았다. 오랜 경기침체와 저성장으로 누적된 피로, 세계공장이 된 중국에 대한 과도한 의존, 세계금융위기 후 각국 정부가 시중에 쏟아낸 경기부양책과 대규모 지원자금, 계속되는 금리 인하에 따른 초저금리 장기화 등이 겹겹이 쌓여 코로나19의 경제적 피해를 키웠다는 것이 산업·금융업계의 시각이다.

문제는 코로나19가 초래한 경제위기는 통화·금융 정책만으론 더 이상 제어되지 않는다는 점이다. 기존의 산업생태계와 사회구조가 코로나19 사태를 겪으면서 신뢰를 잃었기 때문이다. 게다가 과거와 달리 코로나19는 대대적인 방역체계와 사회안전망 구축을 요구해 각국에선 막대한 자금을 쏟아 붓고 있는 상황이다. 이는 국가재정, 기업가계 대출 등의 부담을 가중시키며 인플레이션 조짐으로 이어지고 있다.

코로나19 사태가 발발한 2020년에 끝없이 추락하던 세계경제는 백신 공급과 방역 경험을 토대로 2021년 회복세를 나타냈다. 코로나19 변이 바이러스들의 등장으로 긴장감은 지속되고 있지만 세계경제 그래프는 V형 반등을 그리고 있다. 하지만 코로나19가 초래한 업종 간 양극화는 봉합이 어려울 정도로 격차가 커지고 있다. 서비스 중심의 대면 업종은 파산하고, 온라인 중심의 비대면 업종은 호황을 누리고 있는 것이다.

각국은 경기 회복을 서두르고 충격 후유증을 줄이기 위한 재정비에 들어갔다. 미국은 인플레이션, 물가 상승, 공급망 재편을 위해 긴축재정·금리인상·첨단산업 구축 등의 발걸음을 서두르고 있다. 일본경제도 기시다 정권이 책정한 사상 최대 경기부양자금으로 시동을 걸고 있다. 백신 개발, 의료체제 확충, 사업자 지소득층 지원 등에 대규모 예산을 편성했으며, 특히 반도체 산업을 지원하는 예산을 집중 수립해 반격을 준비하고 있다. 중국도 미국의 압박을 극복하기 위해 경제계획 초점을 최신 기술 확보에 맞췄다. 첨단기술 발굴, 지적재산권 확대, 기본연구 강화, 대학의 연구수준 향상 등에 집중하겠다는 계획을 발표했다.

>>> 경제적 이해관계 따라 달라질 국제정세 변수

한국경제도 코로나19 사태를 겪으면서 산업과 사회 곳곳에서 다양한 변화가 일고 있다. 비대면 시대로 접어들면서 라이브커머스·메타버스 같은 디지털 기술 개발 속도가 한층 더 빨라졌다. 코로나19 사태로 세계적 수요가 급증하면서 반도체 수출이 호황을 누렸으며 제약·바이오 제품의 해외시장 진출이 급성하고 있다. 젊은 수요와 성장잠재력이 큰 동남아에도 한류 문화가 꽃을 피우면서 수출 길을 넓혀주고 있다.

다만 안팎에 변동성이 큰 위험요소들이 산적해 있다. 대외적으로는 자국의 이해관계에 따라 변화할 경제동맹 구축이 기다리고 있다. 미국·중국 무역갈등 심화, 2022년 발효될 역내포괄적경제동반자협정(RCEP)의 파장, 중국과 대만이 가입을 서두르고 있는 환태평양 경제동반자협정(CPTPP)에 가입 여부, 미국 정부에 약속한 1000억 달러(약 110조원) 투자, 탄소제로 이행 협약 등이 있다. 안으로도 문제들이 산적해 있다. 집값 폭등, 가계·기업 부채 폭증, 비트코인 등 가상자산에 쏠리는 투자자금, 복지·의료 체계 균열, 방역체계 확충 등이다.

이는 2022년 한국경제가 나갈 길을 판단하는데 적지 않은 부담으로 작용할 전망이다. 하지만 한국경제가 산업·사회의 구조 개선을 통해 또 한번 도약할 수 있는 발판도 될 수 있다.

중앙일보s가 발행하는 프리미엄 경제 데일리 뉴스 '이코노미스트'가 2022년 세계경제와 국내경제를 전망하는 〈2022 경제 大예측〉을 펴냈다. 이코노미스트 경제 전문 기자들과 경제기관 전문가들이 2022년 국내외 경제 분야의 쟁점들을 진단하고 새해 경제 향방을 전망하는 책이다.

책은 해마다 세계 경제의 주요 관심사에 대해 짧은 질문으로 제시한 뒤 'YES' 또는 'No'와 확률로 대답해 가능성을 점쳐왔다. 이를 토대로 매년 제시한 전망과 경제 변화 추이를 비교해 적중률을 평가해왔다.

〈2021 경제 大예측〉에서는 ▶미국 경제 성장 ▶산업 전환 숙제 안은 중국 성장률 ▶미국의 '중국 때리기' ▶한국경제 2%대 성장률 ▶한국 수출 기저효과로 소폭 반등 ▶비대면·헬스케어 주력 산업으로 부상 ▶배터리 산업 주도권 등의 질문에 긍정적인 전망을 예견했었다.

새해 경제를 전망하는 〈2022 경제 大예측〉에서는 한국과 밀접한 경제 교역국인 미국·일본·중국의 경제 상황을 전망했다. 한류 문화의 확산에 힘입어 새로운 경제 동반자로 급부상하고 있는 동남아 시장도 분석했다. 또한 한국 경제 '견인차' 배터리·반도체 분야의 상황을 진단했다. 코로나19 사태로 수출 길이 활짝 열린 한국의 제약·바이오 분야에 대해, 비대면 사회로 전환되면서 새롭게 떠오르고 있는 메타버스와 라이브커머스에 대해 각각 발전가능성을 짚었다. 이와 함께 가상자산·코스피·상장지수펀드(ETF)·부동산에 대한 투자 가이드도 담았다. **E**

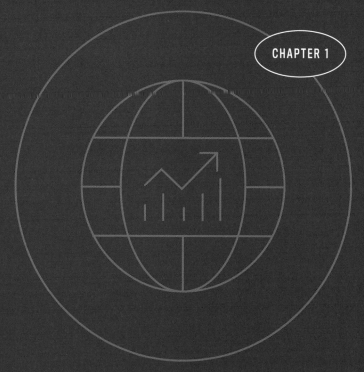

CHAPTER 1

세계 경제 어디로

2022년 세계 경제는 코로나19 사태와 국가 간 갈등으로 혼전이 거듭될 전망이다. 미국 바이든 정권은 안으론 사회안전망 구축, 밖으론 세계공급망 재편 등에 대한 해법 짜기에 골몰해 있다. 중국은 미국의 견제를 극복하고 혁신 주도성장의 발판 마련에 필요한 첨단기술 발굴에 혈안이 돼 있다. 일본 기시다 정권은 수출경쟁력까지 잃은 장기 침체를 살릴 방안을 찾는 데 몰두해 있다. 개발도상국이 많은 동남아는 성장 잠재력을 드러내며 외국투자기업들을 끌어들이고 있다. 이같은 변화의 파고는 한국에 겐 또 다른 시련이자 기회가 될 것이다.

중간선거 앞둔 바이드노믹스
인플레이션 해법 대전환할까?

NO 80%

조 바이든 미국 행정부의 경제 정책인 '바이드노믹스'가 변곡점을 맞았다. 2022년 11월 8일 중간선거를 앞두고 있어서다. 기본적으로 경제 정책은 선거를 전후로 많은 영향을 받는다. 현재의 경제 상황과 앞으로의 전망에 유권자의 관심이 쏠려있기 때문이다.

특히 미국의 중간선거는 우리나라로 치면 대선을 빼고 총선과 지방선거를 합친 선거에 해당하는 빅이벤트다. 상원의원 100석 중 34석, 하원의원 전체, 그리고 주지사 50석 중 34석을 새롭게 뽑는다. 조 바이든 행정부의 중간평가가 될 선거로 꼽힌다. 여당인 민주당은 정권 재창출을 위해, 야당인 공화당은 정권 교체를 위해 총력을 다할 게 뻔하다.

그렇다면 선거를 앞둔 바이든 행정부의 바이드노믹스는 어떤 변수와 마주하

22　　　　　　　　　　　　　　　　　　　　이코노미스트 2022 경제 대예측

AFP-연합뉴스

바이든 대통령이 취임 직후 수조달러
규모의 뉴딜 정책을 발표했다.

게 될까. 치열했던 대선을 승리로 쟁취한 공약대로 뚝심 있게 밀어붙일까, 아니
면 표심을 의식해 새로운 해법과 정책을 제시할까.

먼저 바이든 행정부의 '바이드노믹스'가 어떤 정책을 펼쳐왔는지부터 살펴보
자. 2020년 11월 7일 279명의 선거인단을 확보해 대통령 당선을 확정한 바이
든 행정부의 경제 정책을 요약하면 '큰 정부'다.

그는 취임 직후 신종 코로나바이러스 감염증(코로나19) 위기 충격에서 벗어
나기 위한 각종 부양책을 꺼냈다. 코로나 충격에서 벗어나기 위한 1조9000억
달러 규모의 '미국 구조 계획'을 꺼냈고, 대규모 인프라 투자 구상인 2조3000
억 달러 규모의 '미국 일자리 계획'도 발표했다. 무상 보육과 교육 등에 초점을
맞춘 미국 가족계획은 1조8000억 달러 규모에 달했다. 1930년대 대공황에 맞

2021년 미국 소비자물가지수(CPI) 추이

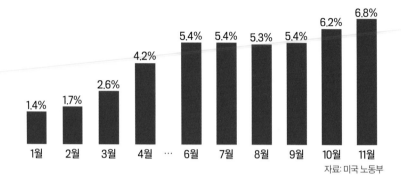

자료: 미국 노동부

급격한 인플레이션과 공급망 문제 등으로 경제난이 장기화하면서
바이든 미국 행정부가 위기에 빠졌다.

미국 신규 실업수당청구건수

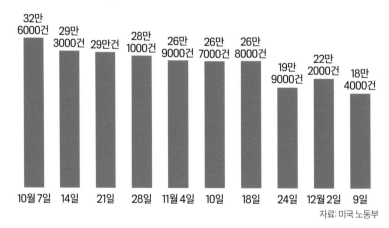

자료: 미국 노동부

서는 뉴딜 정책을 추진한 프랭클린 루스벨트 대통령을 연상케하는 행보였다.

바이든 대통령이 취임하고 처음 제시한 2022년도 예산안은 더 파격적이었다. 미국 행정부는 미국 일자리 계획과 미국 가족 계획이 반영된 6조1000억 달러 규모의 슈퍼 예산안을 발표했다. 2차 세계대전 이후 최대치다.

예산안엔 그 정부의 정책 우선순위가 반영되기 마련이다. 바이든 대통령은 인프라 투자와 사회안전망 확대, 소득불평등 완화 등에 초점을 맞춘 예산안을 내놓았다. 미국과 자본주의 위기의 핵심인 불평등과 양극화 문제에 정면으로 맞서려는 처방을 내놓은 셈이다. 이는 전임 트럼프 대통령의 예산안과는 상당히 다른 모습이다. 불가피한 복지정책만 펴며 자유시장을 장려해야 한다는 '작은 정부론'을 설파한 트럼프 행정부는 감세를 바탕으로 사회복지·기후변화 분야 대폭 삭감 등에 주력했다.

>>> 2차 세계대전 이후 최대 예산안

이런 막대한 재정지출의 돈줄은 '세금'이다. 향후 10년간 3조6000억 달러에 달하는 '부자 증세' 계획을 함께 확정했다. 대기업의 법인세 최고세율을 현행 21%에서 28%로 올렸다. 도널드 트럼프 행정부가 35%이던 세율을 21%로 내렸던 것을 중간 수준으로 끌어올리면서 향후 10년간 2조 달러의 세수 증가가 점쳐진다. 10년간 7000억 달러에 달하는 개인 고소득자 세금 인상도 계획했다. 또 1년 이상 보유한 자산에 대한 자본이득이 100만 달러 이상인 개인에 대한 자본이득세를 현행 20%에서 39.6%로 대폭 끌어올리기로 했다.

경제 관료를 선택하는 인사 카드에서도 바이든 행정부의 '큰 정부' 기조는 잘 드러났다. 내각 첫 재무장관으로 재닛 옐런 전 연방준비제도(연준·Fed) 의장을 선택했다. 옐런 장관은 재정지출 확대와 금융 완화 정책에 적극적인 케인지언(케인스학파·정부의 적극적 시장개입 옹호)으로 유명하다. 아울러 소득·성 불평등과 기후 변화 대응에 관심이 많다는 점에서 민주당 지보 진영 요구에도 늘 어맞는 인사였다.

바이든 대통령이 제롬 파월 연준 의장의 유임을 결정한 것 역시 비슷한 맥락으로 읽힌다. 도널드 트럼프 전 대통령 시절인 2018년 2월 연준 의장에 취임한 파월 의장은 노골적으로 금리 인하를 요구하는 트럼프 전 대통령과 마찰을 빚었다. 그러다 2020년 3월 코로나19 확산 속에 '제로 금리' 등 과감한 통화 완화 정책을 펴서 경제 회복을 이끌었다.

이밖에도 인도계 미국인인 니라 탠든 미국진보센터(CAP) 의장을 백악관 예산관리국(OMB) 국장에 앉혔고, 노동경제학자인 세실리아 라우스 프린스턴대 교수는 대통령 경제자문위원회(CEA) 위원장에 지명했다.

>>> 중산층 회복 외친 바이드노믹스

어찌됐든 바이드노믹스의 핵심은 예산을 잔뜩 풀어 코로나19로 위태로워진 경제를 부흥하겠다는 거다. 이중 집중적으로 살리려는 타깃은 '중산층'이다.

바이든 대통령은 선거 운동 때마다 "중산층을 구해 미국을 구하자"고 호소했다. 그는 '중산층 조(Middle class Joe)'라고 자칭하며 서민들의 벗을 자처해왔다. "월가는 미국을 세우지 않았다. 미국을 세운 건 중산층"이라며 중산층 복원을 선언했다. "기업과 부자가 제 몫을 낼 때"라며 증세를 요청하기도 했다.

주요국 경제성장률 전망

	2020년	2021년	2022년
세계	-3.1%	5.9%	4.9%
미국	-3.4%	6.0%	5.2%
유로존	-6.3%	5.0%	4.3%
일본	- 4.7%	2.4%	3.2%
영국	-9.8%	6.8%	5.0%

자료: 국제통화기금(IMF)

민주당의 중간선거 결과 전망이 밝지 않다.
공화당이 의회를 장악하면 바이든 행정부는 대규모 경기부양책을
일방적으로 밀어붙이기가 어려워진다.

AP=연합뉴스

미국의 소비자 물가 상승률이 큰 폭으로 늘어나고 있다. 미국의 한 마트.

트럼프는 일자리 확대로 위대한 미국을 복원하겠다고 약속했지만, 정작 서민들의 삶의 질은 거의 나아지지 않았다. 말만 그럴듯하고 행동이 뒷받침되지 않는 트럼프 행정부를 둘러싼 불신과 불만이 2020년 조 바이든 대통령 당선으로 이어졌다.

바이든 대통령의 예상대로 순조롭게 경제 상황이 풀렸다면 중간선거를 앞두고도 '큰 정부'를 유지하는 게 어렵지 않았을 거다. 문제는 미국의 경제 상황이 바이든 행정부의 예측과는 상당히 다르게 흘러가고 있다는 점이다.

당장 바이드노믹스의 발목을 잡고 있는 가장 큰 변수는 '물가'다. 미국 노동부가 발표한 2021년 11월 소비자물가지수(CPI)를 보자. 전년 같은 기간보다 6.8% 급등했다. 이는 1982년 6월 이후 최대폭 상승이다. 다우존스가 집계한 전문가 전망치(6.7%)도 웃도는 수준이다. 같은해 10월 소비자 물가가 6.2% 올라 31년 만에 최고치를 기록한 것과 비교해 보더라도 한달 사이 더 높은 상승률을 보인 것이다.

급작스레 물가 상승률이 오른 게 아니다. 미국의 물가 상승률은 2021년 초부터 심상치 않았다. 1~3월 2%안팎으로 관리되던 소비자물가는 4월부터 4.2% 늘어나 충격을 줬다. 5월엔 5.0%로 상승 폭이 더 컸다. 이후엔 쭉 5% 이상의 물가상승률을 기록하다 6%를 아득히 웃돌게 된 상황이다. 연준의 물가상승률 목표치는 2%인데, 사실상 실패했다.

10월 물가상승률이 발표되자 바이든 대통령은 "물가 상승 추세를 뒤집는 것은 나의 최우선 순위"라고 선언했다. 바이든 대통령은 에너지 가격을 물가 급등의 주된 원인으로 지목하면서 백악관 국가경제위원회(NEC)와 미 연방거래위원회(FTC)에 관련 대책과 조치를 주문했지만 앞으로의 전망은 더 어둡다. 코로나19 극복을 위해 세계 각국의 정부가 엄청난 돈을 풀어놓은 상황이다. 각종 원자재와 부품 가격이 오른 것도 물가 상승을 부추기고 있다. 복잡하게 얽힌 글로벌 공급망 사슬이 각국의 다양한 사정 때문에 원활하게 작동하지 않고 있기도 하다.

얼 퍼거슨 스탠퍼드대 후버연구소 선임연구원, 케네스 로코프 하버드대 교수 등과 같은 세계적인 석학들은 1960년대 후반과 1970년대 초반의 하이퍼 인플레이션이 다시 올 수 있다고 경고했다.

인플레이션은 단순히 경제 문제가 아니다. 치솟은 생활물가가 서민경제를 짓누르자 조 바이든 대통령을 위태롭게 하는 정치 이슈로 확산하고 있다.

월스트리트저널이 조사한 조 바이든 대통령의 2021년 10월 국정 수행 지지도는 41%로 집계됐다. 부정적으로 평가한다는 응답은 57%에 달했다. 미국 국민들은 나라가 올바른 방향으로 가고 있다고 생각하느냐는 질문에 63%가 "그렇지 않다"고 답했다. 비슷한 시기에 진행된 워싱턴포스트(WP)·ABC방송의 여론조사 결과와 큰 차이가 없는 수준이다. 당시 긍정 평가는 41%, 부정 평가는 53%였다.

미국이 "올바른 방향으로 가고 있다"는 응답은 27%에 그쳤다. 응답자의 46%는 내년 미국의 경제 상황이 더 나빠질 것으로 예상했다. 경제 상황 개선을 기대하는 응답은 30%뿐이었다.

>>> 바이든 행정부 둘러싼 신뢰 하락

곧 미국 중간선거를 앞두고 있는데, 집권당인 민주당을 향한 여론도 악화했다. 당장 투표일이 오늘이라고 가정하면 어떤 당을 지지하겠느냐는 물음에는

GDP 대비 미국 정부 부채 추이

연도	비율
2016년	105.2%
2017년	104.0%
2018년	105.4%
2019년	106.8%
2020년	128.1%

자료: 백악관

**재정을 통한 경기부양이 시급한 바이든 행정부가
작은 정부로 선회하긴 쉽지 않다.**

바이든 행정부 증세 주요 계획

총 규모	10년간 3조6000억 달러
법인세	21%→28%
소득세	최고세율 37%→39.6%
자본이득세	100만 달러 이상 대상 최대 39.6%

자료: 미국 재무부

조 바이든 행정부의 미국 구조 계획 주요 내용

총 규모	1조9000억 달러	직접 현금지원	1인당 1400달러
최저임금 인상	시간당 15달러로 인상	지방 교부금	3500억 달러
중소기업 지원	500억 달러 중 350억 달러를 기금자본	교육	1300억 달러
		의료 지원	1600억 달러

자료: 미국 재무부

공화당(44%)을 지지하겠다는 응답 비율이 민주당(41%)이라는 응답률보다 오차범위 내에서 높았다.

특히 경제 문제가 바이든 정권의 발목을 잡고 있었다. '경제 살리기'를 더 잘할 수 있는 정당이 어디라고 보느냐는 질문에는 공화당(46%)이라는 응답이 민주당(35%)이라는 응답보다 많았다. 유권자들은 '인플레이션 잡기'(공화 44%·민주 26%), '국경 보안'(공화 52%, 민주 16%) 등 이슈도 공화당이 더 잘 다룰 수 있을 것으로 기대했다. 바이든 행정부에 대한 평가는 올 8월 아프가니스탄 철군 과정의 난맥상과 코로나19 델타 변이 확산을 고비로 점차 악화되했는데, 인플레이션 이슈는 직격탄이 됐다. 바이든을 지지한 근로소득으로 먹고 사는 중산층이었기에 타격은 더 컸다. 물가가 오르는 만큼 월급이 오르진 않기 때문에 예전과 똑같이 벌어선 같은 물건을 살 수밖에 없게 되는 셈이라서다.

결국 중간선거를 앞둔 바이든 행정부의 급한 불은 인플레이션 완화인데, 이를 정책으로 풀어내기가 쉽지 않다는 게 문제다. 인플레이션을 완화하기 위한 가장 좋은 방법은 기준금리 인상이다. 돈을 잔뜩 풀어 물가가 올랐다면 반대로 돈줄을 죄면 해소할 수 있는 일이라서다.

문제는 연준이 2020년 3월부터 코로나19에 따른 경기 침체 대응을 위해 양적완화를 시작했다는 점이다. 7000억 달러 규모의 미 국채와 주택저당증권(MBS) 매입을 결정했다. 기본적으로 양적완화는 금리인하를 통한 경기부양 효과가 한계에 봉착했을 때 쓰는 카드이기 때문에, 금리인상과 동시에 진행할 순 없다.

이 때문인지 연준은 지난 11월부터 테이퍼링(자산매입 축소) 시작을 선언했다. 양적완화를 단계적으로 중단하겠다는 의미다. 연준은 매달 150억 달러 규모의 자산매입을 축소한다. 자산매입을 축소하면 시중에 풀리는 자금이 그만큼 줄어들게 된다.

파월 의장은 "테이퍼링 결정이 기준금리 인상에 직접적인 신호를 주는 건 아니다"며 "아직 인상할 때라고 생각하지 않는다"고 말했지만, 이를 곧이곧대로 믿는 이들은 많지 않다. 통화 정상화로 발걸음을 옮긴 연준이 머지않아 긴축의 끈을 당길 수 있다는 게 월가의 중론이다. 가장 유력한 시점은 테이퍼링이 종료되는 2022년 6월 이후다. 유동성 공급을 중단한 뒤 바로 금리 인상에 나설 거란 얘기다. 이는 오는 2023년으로 점쳐졌던 연준의 금리 인상 시점보다 상당히 더 앞당겨진 시점이다.

사실 테이퍼링은 바이드노믹스에 큰 부담이 되는 카드다. 바이든 행정부는 막대한 정부 예산을 통해 시중에 유동성을 엄청나게 푼다는 건데, 연준의 테이퍼링 이후의 금리인상은 시중에 있는 유동성을 대폭 축소하겠다는 뜻이라서다. 방향성에서 두 정책이 크게 부딪히는 상황이다. 이러면 초대형 예산안을 통과할 때도 야당인 공화당을 설득하기가 어려워진다.

>>> 위기에 빠진 바이드노믹스

실제로 조 바이든 대통령은 당초 3조5000억 달러 규모로 추진해온 사회복지 예산안을 반토막인 1조8500억달러로 줄여서 제안하기도 했다. 공화당은 물론 당내 중도파의 반대에 부딪힌 탓이다. 현재 미 상원은 민주당(민주당 성향 무소속 포함)과 공화당이 '50대 50'으로 양분하고 있는데도 각종 법안 처리가 순조롭지 않다. 바이든 행정부가 힘겨루기에서 밀리고 있다는 얘기다. 만약 중간 선거 때 민주당이 다수당을 지키지 못한다면 바이든 대통령은 조기 레임덕에 빠져들 가능성이 크다.

특히 공화당은 치솟는 나라 빚을 우려하고 있다. 30조 달러를 향해 가는 미국의 국가부채는 이제 이를 못 갚는 채무불이행(디폴트)까지 우려해야 하는 상황이다. 2021년 9월 기준 미국의 국가부채는 28조5000억달러로, 법정 한도(22조300억 달러)를 6조4000억달러 넘게 초과했다. 미 의회가 연방정부의 부채 한도를 28조9000억 달러로 일시 상향하면서 디폴트를 가까스로 피할 수 있었다.

그렇다고 바이든 행정부가 지금과 같은 '큰 정부' 기조를 포기할 수도 없는 노릇이다. 자칫 정부가 경기부양을 위한 조치를 포기하는 신호로 읽힐 수 있어서다. 특히 대중교통, 항구, 철도, 교량, 식수 등 등 낙후된 물적 인프라를 개선하고 일자리를 창출하기 위한 투자는 시장 물가를 자극해서라도 해결해야 할 시급한 문제다. 뉴스위크는 "공화당이 중간선거로 의회를 장악하면 바이든에 대한 탄핵에 나설 수도 있다"는 무시무시한 전망을 내놨다. 궁지에 몰려있는데도 이러지도 저러지도 못하는 바이든 행정부가 진퇴양난에 빠져있다는 얘기다. **E**

첨예한 미·중 갈등 속
중국 경제 성장 가능한가?

YES 90%

연원호 대외경제정책연구원 중국경제실 부연구위원

2019년 세계은행(World Bank)과 중국의 국무원발전연구중심(DRC)은 〈혁신적 중국: 새로운 성장 동력(Innovative China: New Drivers of Growth)〉이라는 공동연구 보고서를 냈다. 보고서는 중국의 경제성장을 위해서 3가지 혁신(Three Ds)의 중요성을 역설하고 있다.

>>> **중국 경제의 미국 경제 추격**

첫째는 개혁(removing Distortions)이다. 금융, 노동, 부동산시장의 개혁을 통해 자원 배분을 효율적이고 경쟁력 있도록 만드는 것의 중요성이다. 둘째

는 최신 기술의 보급(accelerating Diffusion)이다. 교육의 질 향상과 개방을 통한 글로벌 기술과 혁신에의 접근성 제고가 중국이 선진국 대열에 합류할 수 있도록 만들어줄 것이라고 설명한다. 셋째는 새로운 첨단기술 발굴(fostering Discovery of new innovation and technology)이다. 중국이 글로벌 선도국이 되기 위해서는 세계적 수준의 대학, 지적 재산권 강화, 기본연구(blue sky research) 강화가 필수적임을 역설하고 있다.

이 보고서는 이와 관련하여 중국 성장의 세 가지 시나리오도 제시하고 있다. ▶중국이 포괄적인 혁신(comprehensive innovation)에 성공할 경우 ▶중국이 보통 수준의 혁신(moderate innovation)에 성공할 경우 ▶중국이 제한적인 혁신(limited innovation)밖에 이루지 못할 경우다.

시나리오별 중국의 경제성장률 예측

※2031~2040년 경제성장률은 10년 평균, 중국GDP/미국GDP는 2040년 수치

◎ 시나리오별 중국의 경제성장률 ◎ 시나리오별 중국GDP/미국GDP

• 시나리오 1 - 중국, 포괄적 혁신 달성

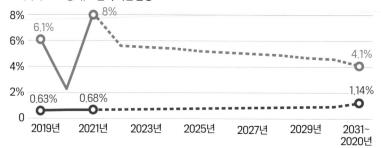

• 시나리오 2 - 중국, 보통 수준 혁신 달성

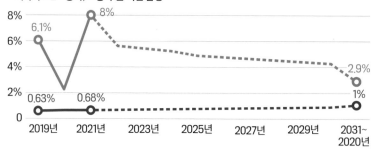

• 시나리오 3 - 중국, 제한적 혁신 달성

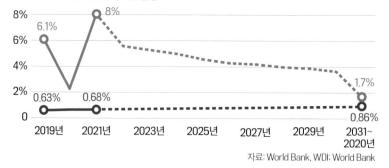

자료: World Bank, WDI; World Bank

각 시나리오별 2030년 중국 성장률 전망을 바탕으로, World Bank WDI의 미·중 양국의 과거 GDP 성장률 데이터, IMF World Economic Outlook의 코로나19를 반영한 단기(2021년과 2022년) 성장률 예측, 미국 의회예산처(CBO: Congressional Budget Office)의 미국 10년 장기 경제성장 전망 등을 종합적으로 활용하여 미·중 간 경제성장 규모를 예측해보자.

중국이 포괄적 혁신에 성공할 경우 중국은 2034년경 미국의 GDP를 추월할 것으로 예측할 수 있다. 중국이 보통 수준의 혁신을 달성할 경우에는 2040년경 미국의 GDP를 추월할 것으로 전망된다. 흥미로운 점은 세 번째 시나리오로, 중국이 제한적인 혁신밖에 이루지 못할 경우 중국은 미국 GDP의 90% 수준까지 도달한 후 미국을 추월하지 못하고 점점 격차가 벌어지게 된다.

이러한 점을 고려해볼 때, 미국과 중국의 전략은 더욱 명확해진다고 할 수 있다. 먼저 미국의 경우, 중국이 미국이 구축한 질서에 순응하지 않거나 미국의 패권을 위협한다면 중국의 기술혁신을 방해할 수밖에 없을 것이다.

실제로 바이든 정부가 2021년 3월 발간한 〈국가안보전략 잠정 지침(Interim National Security Strategy Guidance)〉에서 미국은 중국을 '경제, 외교, 군사, 기술력을 결합해 안정적이고 개방된 국제질서에 지속적으로 도전할 잠재력이 있는 유일한 경쟁자'로 언급하고 있다. 또한 정치적으로 인권을 유린하는 독재·전체 주의 국가이자, 경제적으로는 불공정 행위를 일관하며 불법으로 미국의 기술을 탈취하는 국가로 인식한다.

2021년 8월 아프간 철군 직후 바이든 대통령은 "미국의 국가 이익은 20년 전이 아닌 지금의 위협에 대응하는 것이며, 세계는 변화하고 있고 미국은 지금 중국과 심각한 경쟁을 벌이고 있다"고 언급했다. 즉 중국과의 경쟁에서 이기는 것이 미국의 현재 핵심 이익이라는 바이든 정부의 인식을 읽을 수 있다.

중국의 혁신역량은 21세기 들어 빠르게 증가하고 있다. 반대로 미국의 혁신 생산성은 정체된 모습이다. 최근 분석 결과(연원호 외, 2020)에 따르면 2014년 후반 이후 중국의 혁신 생산성은 이미 미국의 혁신 생산성을 추월했으며 최근에는 일본의 위치를 위협하고 있다. 중국의 혁신 생산성이 2008년 세계 금융 위기 이후 급격한 성장을 보였다는 점이 인상적이다.

중국의 약점은 외국의 원천 기술·소재·부품·장비에 의존한 혁신성장을 해왔다는 점이다. 지식재산권 수지를 보면 이러한 점이 바로 드러난다. 미국은 세계 최대 지식재산권 흑자 국가일 뿐만 아니라 흑자 규모가 매년 증가하고 있는 반면, 중국의 경우 지식재산권 적자가 매년 확대되고 있다. 중국은 외국의 원천기술을 활용한 응용기술을 생산하는 이노베이션(innovation)에는 강하지만 핵심 원천기술을 개발하는 인벤션(invention)에는 약하다.

>>> 미국의 대중 견제…중국 혁신주도성장 지연시키려

이를 알고 있는 미국은 결국 이 부분을 공략하기 시작했다. 미국은 다양한 수단을 통해 중국의 혁신역량 개발을 방해하고 있다. 트럼프 정권에 이어 바이든 정권에서도 수출규제, 수입규제, 투자규제 등으로 중국의 핵심 원천기술 확보를 방해하는 기술탈동조화(tech-decoupling) 정책들이 이어지고 있다.

다만 미국의 기술탈동조화 정책은 중국과의 첨단기술 분야에 한정된다. 중국을 최대시장으로 삼고 있는 미국으로서도 중국과의 전면적인 탈동조화를 목표로 하고 있지 않으며, 미국은 전략적으로 중국의 성장을 지연시킬 수 있는 제한된 분야를 표적으로 중국과 연결고리를 끊으려 하고 있다. 이는 미국의 중국에

중국 경제성장 전망

단위: 달러

연도	미국 GDP	중국 GDP	미국 GDP 성장률	중국 GDP 성장률
2017년	17조3490억	10조1850억	2.332%	6.9%
2018년	17조8680억	10조8780억	2.996%	6.8%
2019년	18조2550억	11조5410억	2.161%	6.1%
2020년	17조6180억	11조8070억	-3.486%	2.3%
2021년	18조7960억	12조7510억	6.683%	8%
2022년	19조7340억	13조4660억	4.992%	5.6%
2023년	20조0370억	14조2030억	1.535%	5.475%
2024년	20조2550억	14조9630억	1.087%	5.35%
2025년	20조5100억	15조7440억	1.261%	5.225%
2026년	20조8030억	16조5470억	1.427%	5.1%
2027년	21조1450억	17조3710억	1.645%	4.975%
2028년	21조4760억	18조2130억	1.564%	4.85%
2029년	21조8040억	19조0740억	1.531%	4.725%
2030년	22조1450억	19조9510억	1.56%	4.6%
2031년	22조5050억	20조8490억	1.627%	4.5%
2032년	22조8710억 달러	21조7660억 달러	1.627%	4.4%
2033년	23조2370억 달러	22조7020억 달러	1.6%	4.3%

자료: World Bank, WDI; World Bank and DRC(2019), Innovative China: New Drivers of Growth; IMF, WEO(2021.10); U.S. CBO(2021.07) "10-Year Economic Projections" 데이터를 이용하여 계산

중국의 경우 지식재산권 적자가 매년 확대되고 있다. 중국은 외국의 원천기술을 활용한 응용기술을 생산하는 이노베이션(innovation)에는 강하지만 핵심 원천기술을 개발하는 인벤션(invention)에는 약하다.

대한 제재대상이 첨단 기술기업에만 집중되어 있다는 점에서도 잘 드러난다.

이러한 정책 기조와 수단은 최근 한층 더 강화되고 있으며, 그 대표적인 사례가 미국의 혁신경쟁법(US. Innovation and Competition Act)이다. 미국 정부의 중국 첨단기술 기업에 대한 제재는 지속적으로 확대·강화될 것으로 전망된다. 2022년에는 중국 첨단기업에 대한 금융투자도 제한될 가능성이 커 보인다. 결국 중국의 혁신주도성장을 지연시키겠다는 것이 미국의 전략이다.

이러한 미국의 제재에 대해 중국은 전략산업 육성, 제도 정비, 과학기술 개발로 대표되는 장기적 안목의 '새로운 대장정(new Long March)'에 나섰다.

>>> '새로운 대장정'으로 대응하는 중국

중국은 2021년 3월에 개최한 양회(전국인민정치협상회의, 전국인민대표대회)에서 '14차 5개년 계획(2021-2025)'과 '2035 중장기 발전전략'을 발표하고 '쌍순환(雙循環, Dual Circulation) 발전'과 '기술혁신'을 강조했다. 이는 경제적 자립자강(自立自强)과 기술적 자립자강을 이루겠다는 전략으로 이해할 수 있다. 국내순환 강조를 통해 미국의 수출입제재, 투자제재, 금융제재와 같은 외부 리스크 노출에 대한 취약성을 개선하겠다는 것이다.

국내수요 측면에서는 소비와 투자의 확대를 도모하여 중국 경제성장의 양적 증가를 꾀하는 것이다. 국내공급 측면에서는 미·중 분쟁의 격화로 인한 글로벌 공급망 재편에 대응해 중국 내에 자체 산업 사슬(Self-reliant Supply Chain)을 구축하겠다는 전략이다. 중요한 점은 소비 진작과 자체 공급망 구축 모두 기술혁신에 기반한다는 점이다.

소비 진작을 위해서는 소득의 증가가 전제되어야 하는데 소득의 증가를 위해서는 결국 생산성 향상이 필요하고 따라서 기술혁신이 필수적인 것이다. 공급 측 개혁도 결국 기술개발을 통해 자체 공급망상 허점을 보완하고 생산능력을 향상시키는 것이 핵심이다.

중국은 14차 5개년 계획과 2035 중장기 발전 계획에서 2035년까지 2020년 GDP 수준의 두 배 성장을 목표로 하고 있다고 밝혔다. 이것은 앞서 제시한 첫 번째 시나리오인 가장 이상적인 포괄적 혁신(comprehensive innovation)을 통한 연평균 4.73%의 경제성장을 가정한 계산과 정확히 일치한다.

그러나 현재 미국은 다양한 수단을 통해 중국의 혁신역량 개발을 방해하고 있다. 따라서 중국이 향후 포괄적 혁신을 통해 연평균 4.7%가 넘는 경제 성장을 실제로 달성할지 여부는 미국의 기술탈동조화(tech-decoupling) 전략의 강도와 그것을 중국이 얼마만큼 극복하느냐에 달려있다고 해도 과언이 아니다.

이와 더불어 장기적으로 중국의 고령화 및 저출산 문제는 중국 경제의 장기 성장의 큰 장애 요소다. 현재 중국의 저출산 고령화 추세라면 2045년경 15~64세 생산가능인구의 비중은 미국보다 낮아지기 시작해, 2050년경에는 60% 밑으로 떨어질 가능성이 크다.

생산가능인구 1인당 생산성이 향상되지 않는다면, 향후 중국의 생산가능인구 감소는 경제 성장을 발목 잡을 가능성이 크다. 실제로 최근 중국의 급격한 인구 감소와 고령화의 진행으로 2060년경 미국이 중국 GDP를 재추월할 가능성이 크다는 연구결과들이 나오고 있다.

또한 단기적으로는 시진핑 정부가 7월 중국공산당창립 100주년을 맞이하여 '전면적 소강사회(小康社會)'의 달성을 선언한 이후 '공동부유(共同富裕)'를 새로운 과제로 강조했다. 그렇지만 ▶대출 관리에 따른 부실 채권 증가 ▶금융 긴

UN 생산 가능인구(15~64세) 비중 전망

● 미국 ● 중국

	2020년	2040년	2060년	2080년	2100년
미국	65	61.2	59.7	57.6	56.6
중국	70.3	62	56.2	55.4	54.4

자료: UN, World Population Prospects

생산가능인구 1인당 생산성이 향상되지 않는다면,

향후 중국의 생산가능인구 감소는 경제 성장을 발목 잡을 가능성이 크다.

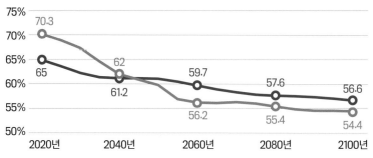

2021년 11월 15일(현지시간)에 열린 베이징 증권거래소 개장식에서 참석자들이
베이징의 주식 가격을 보여주는 진열대를 지나가고 있다.

축에 따른 주택 버블 붕괴 ▶알리바바 등 인터넷 플랫폼 기업에 대한 규제 강화에 따른 투자 정체 등의 위험 요인도 2022년 경제성장 전망을 어둡게 하는 요소다. 시진핑 지도부가 '공동부유'을 기치로 자의적인 정책 운영과 기업 활동에 과도하게 개입할 경우 투자 의지를 저하시킬 위험이 있는 것이다.

>>> 고령화·저출산 문제 중국 성장의 큰 장애

실제로 2021년 3분기 투자의 경제성장률 기여도는 마이너스를 기록했다. 향후 '공동부유'를 명분으로 기부 및 자선 활동을 강요받거나, 수익 구조를 근본적으로 바꾸는 규제정책의 타깃이 되는 특정 기업과 산업에 유입되는 투자는 더욱 줄어들 수 있다. 시진핑 정권은 공동부유에 이르는 과정의 고통을 각오하고 있는 것 같지만, 국내뿐만 아니라 해외 투자자도 위축시키게 된다면 중국 경제에 예상보다 큰 성장 둔화 리스크로 작용할 수도 있다.

중국 정부는 2022년 시진핑 주석 임기 10주년이라는 상징성을 의식해서 당분간 안정적인 부양기조를 이어갈 전망이다. 그러나 ▶미국의 중국견제가 중국의 선진기술 사용 비용을 증가시키고 선진기술에 대한 접근 자체를 막을 경우 중국의 혁신을 지연시킬 수 있다는 점 ▶'공동부유'가 상대적 불평등 해소와 질적 개혁을 넘어 중국 공산당이 통제를 강화하고 민간 기업의 자유를 빼앗을 경우 혁신과 기업가 정신의 위축으로 이어질 수 있는 가능성 등은 주목해야 한다.

2022년은 미중 갈등이 더욱 첨예화되고 '공동부유'가 본격화되는 해다. 제20차 당대회라는 중요한 정치적 이슈가 있기 때문에 중국 경제가 성장할 가능성이 커보인다. **E**

기시다 내각 부양책 활력 잃은 일본 경제 살릴까?

NO 70%

차완용 기자

2022년 일본 경제는 완만한 성장이 예상된다. 국제통화기금(IMF)와 경제 협력개발기구(OECD) 등은 2022년 일본의 실질 국내총생산(GDP) 성장률을 플러스(+)3.2%로 제시했다. 일본 내 신종 코로나바이러스 감염증(코로나19) 백신 보급 효과가 기대된다는 이유에서다.

하지만 이 같은 성장세로는 일본 경제에 활력을 불어넣기 힘든 상황이다. 코로나19 사태를 떠나 일본은 1980년대 후반 이후 최근까지 장기침체에 머무르고 있다. ▶인구고령화·인구감소 ▶디플레이션(물가하락) 발생 ▶수출경쟁력 저하 등으로 소비와 투자가 장기간 크게 위축됐다.

한국은행 등의 보고서에 따르면 일본의 GDP(기간 중 연평균 기준)는 ▶1981~1991년 4.5% ▶1992~2002년 1.0% ▶2003~2007년 1.7%

기시다 후미오 일본 총리

▶2008~2011년 마이너스(-)0.6% ▶2012~2019년 1.1%로 내리막길을 탔다. 2020년에는 코로나19 팬데믹으로 인해 무려 -4.8% 후퇴했다.

>>> 사상 최대 규모(577조 원) 경기부양책 통할까

2021년 일본 경제는 GDP 상승이 예상되고 있지만 장기간 이어진 침체를 극복하기에는 터무니없다. 일본은행에 따르면 일본의 2021년 GDP 성장률을 3.4%, 규모는 534조 엔(약 4조 6800억 달러) 수준에 머물러 코로나19 직전인 2019년 GDP 546조 엔(4조 7800억 달러)에 미치지 못할 것으로 전망했다.

일본 정부는 경기 부양 대책 마련에 총력을 기울이고 있다. 어떻게든 2022년에는 경제를 되살리겠다는 목표를 세웠다. 기시다 후미오 일본 총리는 55조7000억 엔(약 577조원)에 달하는 사상 최대 규모의 경기부양책을 2021년 11월 19일 각의 결정했으며, 이를 통해 성장과 분배의 선순환을 목표로 하는 '새로운 자본주의' 정책을 발표했다.

재정지출은 국가와 지방의 지출에 국가대출금인 재정 투·융자금을 더한 것이다. 지금까지는 코로나19 확산 초기인 2020년 4월 4일 아베 신조 당시 내각이 내놓은 48조4000억 엔이 최대였다. 이번 재정지출 중 국비는 43조7000억 엔에 달한다. 일본 정부는 이번 대책으로 2022년 GDP가 5.6% 증가하는 효과가 나타날 것으로 전망했다.

구체적 예산 투입은 ▶의료 제공 체제의 확충과 매출 감소 사업자·저소득층 지원 등 코로나19 대책에 22조1000억 엔 ▶백신 개발 지원 등 다음 위기의 대비에 9조2000억 엔 ▶개인 지원금이나 반도체 산업 지원 등 '새로운 자본주의' 관련 사업에 19조8000억 엔 ▶재해 대비 등 공공사업에 4조6000억 엔 등으로 구성된다.

일각에서는 일본 정부가 성장기반 확충보다는 일시적인 경기부양 효과 정책을 펼친다는 지적도 나오고 있다. 그러나 기시다 총리는 경기부양 정책을 통해 코로나19 재유행 등 대내외적 불확실성에 대처함으로써 2022년 여름에 있을 참의원 선거에도 대비하는 차원에서 대규모 부양책 시행 의지는 확고하다. 경기부양 정책은 일본경제는 미국 및 중국 경제 등 대외 불확실성에도 불구하고 코로나19의 대유행이 재발하지 않을 경우 2022년 상반기에 플러스 성장세를 유지할 가능성이 높은 것으로 보인다.

이지평 한국외국어대 융합일본지역학부 특임강의교수는 '2%대의 완만한 성장세 예상되는 일본경제' KDI 보고서를 통해 "2022년 한 해 일본경제는 코로나19의 재확산 공포가 남아 있는 가운데, 기시다 신정부의 경기부양책에 힘입어 2021년과 비슷한 2%대의 완만한 성장세를 보일 것"이라며 "다만 중국 등 해외 관광객에 의한 소비수요는 2022년에도 크게 기대하기가 어려워 본격적인 소비 회복은 2023년 이후가 될 것으로 예상된다"고 전망했다.

>>> 새롭게 정립하는 가시다의 경제안보 전략

기시다 내각은 경제안보에 대한 전략도 새롭게 정립했다. 기타무라 시게루 전 국가안전보장국장 등 외교·안보·경제 분야 관계자 18명으로 구성된 전문가 회의를 만들어 '경제안보 법안'(가칭)을 추진할 예정이다. 일본 정부는 2022년 7월 치러지는 참의원 선거에 앞서 이 법안을 국회에 제출하는 것을 목표로 하고 있다.

기시다 총리가 추진하는 주요 경제안보 전략은 ▶글로벌 공급망 강화 ▶인공지능·양자 등 차세대 기술 육성 ▶국제 질서 유지·강화 등이다. 우선 글로벌 공급망 강화는 반도체, 대용량 전지, 광물자원(희토류) 등 이른바 '중요 물자'나 그 원재료들의 일본 내 제조기반을 강화하는 것이다. 일본에 생산 시설을 지으면 정부가 직접 보조금을 주겠다는 것을 법안에 명시할 예정이다.

대표적인 사업이 반도체다. 일본 반도체는 1980년대 후반 세계 시장의 절반을 차지할 정도로 경쟁력이 있었지만 지금은 한국·대만 등에 밀려 경쟁력을 잃었다. 그로 인해 전체 수요의 60% 이상을 대만·중국 등에서 수입하는 중이다. 이에 일본 정부는 주요 해외 반도체 업체의 국내 투자 유치에 나섰다. 세계 최

일본 실질 국내총생산(GDP) 추이

자료: 전분기 대비

2020년 1분기 −0.6%
2분기 −8.0%
3분기 5.4%
4분기 2.8%
2021년 1분기 −1.1%
2분기 0.4%
3분기 −0.8%

자료: 일본 내각부

일본 경제안보전략 추진 상황

시기	주요 내용
2020년 4월	내각관방 국가안전보장국(NSS) 경제반 신설
6월	자민당 정조회 '신국제질서창조전략본부' 구성
12월	자민당 정조회 '경제안보전략의 책정을 향해' 제언 발표
2021년 10월	경제안보 담당상(장관) 신설
	경제안보 법안 제정 추진(2022년 국회 제출 예정)
	경제안보 관련 기금 5000억엔(5조2000억원) 규모 계획
11월	총리주재 경제안보 추진회의 개최

일본 정부가 추진하는 경제안보 법안 주요 내용

경제안보 법안	주요 내용
글로벌 공급망 강화	반도체 등 중요 물자 일본 내 제조 기반 강화, 생산시설 지으면 보조금 지급
주요 인프라 안전 확보	중요 설비를 새롭게 도입할 때 정부가 사전 심사
첨단기술 연구개발 지원	5조2000억원 규모의 기금 만들어 연구개발 지원
특허 비공개	안보와 관련한 기밀 기술 유출 막기 위한 특허 비공개

대 반도체 파운드리(위탁 생산) 업체인 대만 티에스엠시(TSMC)가 2021년 10월 일본 규슈 구마모토현에 반도체 공장을 짓겠다고 발표했다. 초기 설비 투자액이 약 8000억 엔(8조4000억원)에 이르는데, 이 중 절반인 4000억 엔을 일본 정부가 보조할 방침이다.

차세대 기술 육성과 관련해선 5000억 엔(5조2000억원) 규모의 경제안보 관련 기금을 별도로 만들어 지원할 계획이다. 중국 등을 염두에 두고 기밀유출 부분도 정비된다. 통신이나 에너지와 같은 주요 인프라는 중요한 설비를 새롭게 도입할 때 정부가 사전에 심사하는 제도를 마련하기로 했다. 중국 등 안보 측면에서 위협이 되는 국가의 제품이 포함돼 있는지 확인하겠다는 것이다. 특허 비공개는 안보와 관련한 기밀 기술의 유출을 막기 위해 특허출원을 할 때 정보를 공개하지 않는 시스템을 만들 방침이다.

국제 질서 유지·강화는 핵심 안보동맹인 미국 등과 협력을 공고히 한다는 전략이다. 미·일은 경제 전반의 협력을 강화하기 위해 중국과의 통상 문제, 환경, 공급망, 탈탄소, 디지털 경제 등 폭넓은 분야에 대해 협의하는 새 협의체를 만들기로 했다.

〉〉〉 '잃어버린 30년', 부채 비율 14%→258% 급증

일본은 기시다 총리의 새로운 자본주의와 경제안보 추진을 통해 경제 부활을 준비하고 있지만, 대내외적인 여건은 녹록치 않은 상황이다. 일단 현재 일본이 지고 있는 국가 부채가 발목을 잡는다. 2020년 기준 일본의 GDP 대비 부채 비율은 258%로 베네수엘라 304%에 이은 2위다. 이 정도 부채 규모면 웬만한 나라들은 부도 사태에 몰리게 된다. 2015년 국가 부도를 맞았던 그리스의 경우 GDP 대비 부채 비율은 181%였다. 일본 재무성은 일본의 채무 비율을 '최악'이라고 표현할 정도다.

일본 경제는 거품이 꺼지기 직전인 1989년 GDP 대비 국가 부채 비율이 14% 정도로 매우 건전하고 안정적이었다. 그러나 이후 닥친 부동산, 건축, 금융에 이르는 복합불황 이후 헤이세이(平成) 내내 침체를 거듭하며 소위 '잃어버린 30년'이란 말이 나왔다.

일본 정부는 1990년대부터 복합불황을 타개하기 위해 확장 재정 및 금융, 규제 완화 정책을 실시했다. 이후 국가 총부채는 급격히 늘기 시작해 2009년 GDP 대비 200%, 2012년 230%, 2014년 245%, 그리고 현재 250%가 훌쩍 넘는 수준까지 도달했다. 물론 일본이 부도가 날 일은 없다. 천문학적인 국가 부채 규모에도 일본 경제가 버티는 건 부채 대부분을 일본 금융기관들, 즉 일본 국민이 보유하고 있기 때문이다.

일본은 경제가 승승장구하던 시절인 1980년대 20~30%에 달할 만큼 세계 최고 수준이었다. 저축으로 금융기관에 몰린 돈은 국가 부채 수요 충당에 쓰였다. 높은 저축률로 인해 국채 대부분을 일본 금융기관이 보유하고 있는 점이 엄청난 국가 부채를 뒷받침한 셈이다. 하지만 일본의 부채가 현재보다 더 늘어날 경우 망하지는 않더라도 경제를 회복시키기는 더욱 힘들어 진다.

일본 경제는 90년대 버블(거품)이 꺼진 이후 30년 가까이 디플레이션 함정에 빠져 있다. 일본 총무성에 따르면 2021년 10월 소비자물가지수는 전년 동월 대비 0.1% 상승했다. 이는 한국 3.2%·미국 6.2%·독일 4.5%·중국 1.5% 등에 비할 바가 아니다.

일본 물가가 30년 동안 오르지 않는 사이 다른 나라의 물가는 꾸준히 오른 결과 일본의 상대적 빈곤감은 더욱 커지고 있다. 그 결과 일본 경제에 악순환을 불러왔다. 기업들은 이익이 늘어나지 않으니 임금을 못 올리고, 임금이 안 오르니 소비도 늘지 않는 상황이다. 일본 재무성에 따르면 일본의 개인소비는 2000년 이후 20년 동안 58조 엔 줄었다. GDP의 10%를 넘는 규모다.

근로자의 임금 정체도 심각하다. OECD에 따르면 일본의 급여 수준은 1997년을 100으로 봤을 때 2020년에는 90.3으로 떨어졌다. 한국은 158, 미국과 영국은 각각 122와 130이었다. 한국인의 급여가 23년 동안 58% 늘어날 때 일본은 반대로 10% 감소한 것이다.

생산단가는 오르는데 판매 가격을 쉽게 올리지 못하는 기업들도 어려움을 겪고 있다. 2021년 10월 기업이 원재료를 조달하는 물가 수준을 보여주는 기업물가지수는 작년 같은 달보다 8.0% 뛰었다. 1981년 이후 40년 만에 가장 큰 상승폭이다. 반면 9월 소비자물가지수 상승률은 0.1%였다. 9월 기준 기업의 원자재값은 51% 뛰었는데 최종 완제품 가격은 2.9% 오르는 데 그쳤다. 비용이 기록적으로 올랐지만 기업들이 소비자 가격에 반영하지 못했다는 의미다.

>>> **일본 경제 정체의 늪에 빠트린 생산인구 감소**

저출산·고령화로 인한 생산인구 감소도 일본 경제 부활의 발목을 잡는다. 일본 총무성에 따르면 2020년 기준 생산연령인구가 7509만명으로 5년전 조사보다 227만명 줄었다. 생산인구가 가장 많았던 1995년(8716만명)보다 13.9% 감소했다. 여기에 전체 인구에서 차지하는 생산인구 비중은 59.5%로 1950년 이후 70년 만에 60%선이 무너졌다. 2차대전 직후인 1945년 58.1% 이후 가

일본 인구 추이

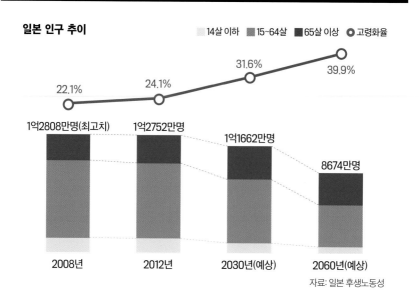

14살 이하 ▨ 15~64살 ■ 65살 이상 ○ 고령화율

22.1%
24.1%
31.6%
39.9%

1억2808만명(최고치)
1억2752만명
1억1662만명
8674만명

2008년   2012년   2030년(예상)   2060년(예상)

자료: 일본 후생노동성

국가부채 비율

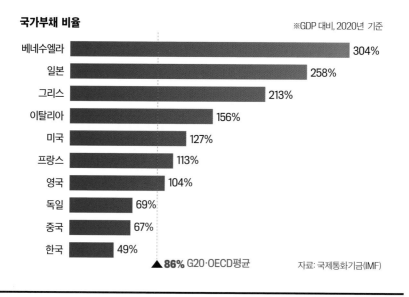

※GDP 대비, 2020년 기준

베네수엘라	304%
일본	258%
그리스	213%
이탈리아	156%
미국	127%
프랑스	113%
영국	104%
독일	69%
중국	67%
한국	49%

▲86% G20·OECD평균

자료: 국제통화기금(IMF)

장 낮은 수준이다. 2020년 일본의 15세 미만 인구 비율은 11.9%로 세계 최저다. 한국(12.5%)과 이탈리아(13.0%)보다 낮다. 반면, 65세 이상 고령인구 비중(28.6%)은 이탈리아(23.3%), 독일(21.7%)을 넘어 세계 최고다.

2021년에는 출생아 숫자가 처음으로 80만명을 밑돌 가능성이 높아 인구 감소세가 더욱 두드러질 전망이다. 일본 정부는 2050년 생산인구 비중이 48%까지 줄어들고 2054년 전체 인구가 1억명을 밑돌 것으로 예상하고 있다.

생산인구 감소는 일본 경제를 정체의 늪에서 헤어나지 못하게 만드는 근본적 이유로 꼽힌다. 이에 일본 정부는 2010년대 들어 고령자와 여성의 취업을 늘려 생산인구 감소를 보완하고 있다. 이를 통해 2020년 취업자수는 6676만명으로 10년 전에 비해 6% 증가했다.

하지만 대부분 비정규직·저임금 근로자인 여성과 고령자의 취업을 늘리는 전략도 한계에 다다랐다고 전문가들은 분석한다. 일본 내각부는 2010~2020년 취업자수와 노동시간 증가가 경제성장률에 기여한 효과가 '제로(0)'였던 것으로 추산했다. 1980년대는 노동 분야가 연평균 0.7%씩 경제성장률을 끌어올렸다.

일본 경제가 생산인구 감소의 충격을 완화하려면 1인당 생산성을 높이는 것이 급선무로 지적된다. 2020년 일본인 근로자 1명이 1시간 동안 생산한 부가가치는 48.1달러(약 5만6676원)로 주요 7개국(G7) 가운데 꼴찌였다. 경제협력개발기구(OECD) 평균(54.0%)보다도 5달러 이상 낮았다. **E**

'동남아' 속도 내는 K-유통, 제2의 기회의 땅 될까?

○────────────

YES 75%

김설아 기자

"이제는 제2의 동남아다."

국내 유통 기업들이 동남아시아 시장에 경쟁적으로 진출하고 있다. 이 지역은 몇 년 전부터 블루오션으로 급부상하면서 잠재력을 이미 인정받은 시장이지만 최근 그 흐름이 가속화되는 모양새다.

>>> 왜 동남아인가…잠재력 큰 '젊은' 나라

그간 국내업계는 해외진출의 최우선 교두보로 세계 최대 소비시장인 미국과 13억 인구를 자랑하는 중국을 꼽아왔다. 개발도상국이 대부분인 동남아 지역은

롯데마트 베트남 3호 '동나이점' 오픈.

두 지역에 비해 상대적으로 열세라는 평가를 받아왔지만 높은 경제 성장을 바탕으로 잠재력을 드러내면서 이제는 핵심 전진기지로 자리 잡고 있다.

동남아 하면 떠오르는 베트남·태국·필리핀이 다가 아니다. 이들을 포함한 아세안 10개국(브루나이·캄보디아·인도네시아·라오스·말레이시아·미얀마·싱가포르) 등이 모두 기회의 땅으로 부각되고 있다.

국내에서 성장 돌파구를 찾지 못하는 유통기업들이 새 성장동력 확보를 위해 동남아 시장 확대에 열을 올리고 있다. 백화점·대형마트·편의점업계는 물론 식음료·프랜차이즈·면세점·화장품·패션·이커머스업계까지 다양하다. 직접 진출하거나 현지 기업을 인수 또는 투자하는 형태로 동남아 시장에 발을 들이고 있다.

그렇다면 동남아가 가진 매력은 무엇일까. 우선 동남아는 인구가 중국·인도에 이은 세계 3위 국가다. 인구수만 6억5000만명에 달하는 데 이 중 50%가 30세 이하다. 전 세계에서 젊은 세대 비중이 가장 높으며 국내총생산(GDP)가 매년 6% 가까이 고속 성장하는 세계 6위 경제 대국으로 꼽힌다.

무엇보다 국내 기업들이 동남아를 재주목한 데는 신종 코로나바이러스 감염증(코로나19) 팬데믹이 큰 영향을 미쳤다는 분석이다. 코로나19와 함께 동남아의 온라인 유통이 급성장하면서다. 인구 대부분이 젊어 인터넷 사용이 익숙하고 디지털화가 빠르게 이뤄지고 있는 동남아에선 소비자 88%가 온라인을 통해 상품을 구매하고 있는 것으로 나타났다.

2020년 기준 동남아 전자상거래(이커머스) 시장 규모는 620억 달러로 고속 성장 중이다. 2019년 380억 달러(약 45조3340억원) 대비 무려 63%가 증가했다. 업계에선 2025년이 되면 동남아 전자상거래 시장 규모가 1720억 달러(약 205조1960억원)에 이를 것으로 전망하고 있어 향후 발전 가능성이 매우 크다. 특히 동남아에 불고 있는 '한류 열풍'으로 국내 기업과 브랜드에 대한 인식이 좋다는 점도 매력적인 요인이다.

이는 신남방 비즈니스위크에서 강연자로 참석한 동남아 최대 이커머스 플랫폼 라자다의 서종윤 VP(VicePresident)의 발언에서도 읽을 수 있다. 서 VP는 화상회의로 열린 강연을 통해 "코로나19 사태로 동남아시아 유통시장에서 온라인 부문이 폭발적인 성장을 하고 있다"면서 "상품을 사기 위해 매장을 방문하기보다 휴대폰을 먼저 꺼내 드는 시대가 됐다"고 설명했다.

그는 이에 "단순히 오프라인 상점이 문을 닫았기 때문에 온라인 상점으로 몰렸다는 수준이 아니라 동남아에 있는 고객들의 구매패턴이 이미 변했고 계속 변하고 있다는 의미"라고 말했다.

코로나19 사태 발생 이후 동남아시아 내 한국 상품 수요는 계속해서 확대되는 추세다. 이는 '집콕'과 재택근무를 주로 하는 사람들이 K-콘텐트를 접하는 빈도가 늘어나면서 한국 문화의 영향력이 확대됐다는 분석이다. 일례로 구글에서 'korean food'를 가장 많이 검색하는 국가는 싱가포르, 말레이시아, 필리핀인 것으로 나타났다.

하지만 전망이 밝다고 무턱대고 진출할 수는 없는 노릇이다. 현지인들의 소비 트렌드와 니즈에 부합하지 않는 한 무작정 동남아에 제품을 판다고 해서 잘 팔린다는 보장이 없기 때문이다. 전문가들은 아세안 국가별 시장 동향을 정확하게 파악하는 것이 무엇보다 중요하다고 입을 모은다.

>>> 외국기업 장악 예상됐지만…베트남 기업의 '반전'

우선 베트남이다. 대한무역투자진흥공사(KOTRA) 'Global Market Report' 자료에 따르면 베트남은 2050년까지 아세안 국가 중 도시화가 가장 많이 진전될 것으로 전망되는 곳이다. 코로나19 팬데믹 이후 세계 소비자신뢰지수 상위 8위 국가에서도 중국에 근소한 차이로 뒤지며 2위를 차지했다.

기술발전을 위한 유·무형의 인프라도 가장 잘 갖추고 있다는 평가를 받는다. 특히 동남아 신흥국 중 가장 빠르게 성장하는 소비시장을 자랑한다. 베트남 통계청에 따르면 2018년 1460억 달러(약 174조1780억원)였던 시장 규모는 2020년 1720억 달러(약 205조1960억원)로 성장했다. 올해 성장률 전망치는 9.2%로 전망된다.

베트남 소매시장 환경이 최근 들어 급격히 변화하고 있다는 방증이다. 베트남 유통시장은 외국인 투자기업들이 선도하고 있다. 대표적으로 국내기업인 롯

베트남 소매시장 규모 및 성장률 추이

■ 소비시장 규모 ◎ 성장률

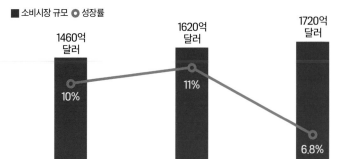

1460억
달러

1620억
달러

1720억
달러

10%

11%

6.8%

2018년   2019년   2020년

자료: 베트남 통계청

베트남 소매시장 SWOT 분석

강점 (Strengths)
· 1억명에 육박하는 인구와 전체인구의 50%가 30세 이하인 황금 인구구조
· 시장에 호의적인 비즈니스 투자 환경
· 동남아 신흥국 중 가장 빠르게 성장하는 소비시장
· 2020년 기준 세계은행 비즈니스 용이성 지수 70위로 여타 신흥국보다 우위

약점 (Weaknesses)
· 인구 대다수가 가격에 민감해 사치품과 비필수 품목에 대한 수요 제한
· 인구의 60% 이상이 현대적 소매채널이 부재한 농촌지역에 거주
· 구매력을 갖춘 대도시의 높은 임대료

기회 (Opportunities)
· 경제 성장에 따라 구매력을 갖춘 중산층의 증가와 가구당 평균 소득 증가
· '서구식' 쇼핑 및 엔터테이먼트(복합 쇼핑몰)에 대한 소비자의 관심 증가
· EVFTA 체결에 따른 다양한 수입 소비재 증가
· 높은 모바일 사용률과 인터넷 보급률

위협 (Threats)
· 코로나19 변이 바이러스 전파에 따른 소매 판매점 영업 정지 조치
· 낮은 임금과 비필수 품목 수요 저하
· 주요 도시의 소매채널 포화시 대안 부재

자료: Vietnam Consumer & Retail Report(2021.2Q), BMI

데가 베트남 전역에 15개 마트와 2개의 백화점을 운영 중이다. 일본의 유통 대기업인 이온그룹도 6개 쇼핑몰을 운영하고 있다.

외국인투자기업들이 장악할 것으로 예상했던 베트남 유통시장은 2018년 반전을 맞는다. 이온그룹 소속 점포를 비롯해 프랑스 소매 대기업 체인 수십 개를 베트남기업들이 인수했다. 올해는 국내기업인 이마트가 호찌민시에서 운영하는 매장 지분을 타코 그룹에 매각했고 6월엔 롯데마트가 하노이 운영매장 3곳 중 한 곳을 폐점했다.

한국무역협회 국제무역통상연구원은 이에 대해 "소매시장이 성장하면서 많은 기업이 리테일 산업에 뛰어들고 있고 치열한 경쟁에서 밀려난 기업들이 인수 또는 합병되면서 산업이 빠르게 재편되고 있다"며 "베트남 소매시장이 우호적 정부정책, 구매력 향상 등으로 제2의 성장기를 맞은 것으로 보인다"고 해석했다.

이에 따라 판매 채널이 더 세분화되고 전문점과 편의점 수는 많이 늘어나고 있다는 설명이다. 실제 2018년 베트남에 처음 진출한 국내 편의점 유통 체인 지에스25(GS25)는 올 3월 빈증성에 100호점을 개점, 11월 말 기준 145개가 됐다. 12월엔 편의점 업계 최초로 GS25 베트남 현지 일반인을 대상으로 한 가맹점도 열었다. 2018년 1월 GS25가 베트남에 첫 점포를 낸 지 4년 만이다.

>>> **재택근무하고 집밥먹고…인도네시아의 재발견**

인구 2억7600만명의 인도네시아는 아세안 국가 중 최대 전자상거래 시장을 보유하고 있다. 인도네시아 전자상거래 시장은 2014년 13억9000만 달러(약 1조6554억원) 규모에서 2019년 186억705만 달러(약 22조1609억원)로

롯데리아 베트남 200호점.

1235% 성장했다. 2025년에는 820억 달러(약 99조5500억원)로 성장할 것으로 예상된다. 실제로 인도네시아에서는 토코페디아·트래블로카·OVO 등 이커머스 플랫폼과 전자결제 관련 유니콘 기업이 다수 탄생했다.

소비재 시장도 2017년부터 지속해서 성장 추세다. 특히 전자제품과 식음료 분야가 급격하게 성장하고 있다. KOTRA 관계자는 "코로나19로 인해 이동이 제한되면서 원활한 재택근무를 위한 전자제품 수요 증가와 외식이 어려워지면서 직접 요리를 하는 경우가 많아진 결과"라고 풀이했다.

인도네시아 내 국내 기업 중에선 GS수퍼마켓이 활약 중이다. 푸드코트에 한식과 현지식을 동시에 배치하고 이슬람교를 믿는 현지인들을 위한 기도실을 마련하는 등 철저한 현지화 전략이 먹히고 있다는 분석이다. 그 결과 GS수퍼마켓은 현지 진출 4년 만인 2020년 흑자 전환에 성공했다.

태국은 2020년 코로나19 영향으로 인한 구매력 감소와 유통망 운영 제한으로 성장이 둔화됐지만 올해 회복세가 예상된다. 이커머스 업체인 프라이스자 (Priceza)에 따르면 태국은 인구 98.9%가 스마트폰을 보유하고 있다. 대부분이 페이스북·인스타그램 등 소셜미디어를 활용한 모바일 쇼핑 경험을 갖고 있는 셈이다. 태국의 이커머스 시장은 보급형 스마트폰이 확산되면서 2014년부터 연 83.5%씩 성장했다. 2020년이면 70억 달러(약 8조3377억원)로 추정하고 있다. 정부도 5년 내 이커머스 시장 규모를 2배 이상 끌어올리겠다는 계획이다.

>>> 말레이시아·싱가포르 '동남아 허브'로 주목

말레이시아와 싱가포르는 동남아의 허브로 주목받고 있다. 동남아의 대표 이슬람 국가인 말레이시아는 '할랄 산업의 중심지'로, 싱가포르는 '동남아 진출 허브'라는 타이틀을 갖고 있다. 말레이시아는 8년 연속 이슬람 경제를 이끌 정도로 경쟁력 있는 시장으로 꼽는다. 인구의 60% 이상이 무슬림인 만큼 할랄 인증 제품에 대한 수요가 꾸준한 것으로 전망된다.

한국과 아세안 국가들 사이에 위치한 싱가포르의 경우 서킷 브레이커(2020년 4월 7일~6월 1일 봉쇄조치) 동안 영업이 중단되면서 소매판매액이 전년 동기대비 크게 줄었지만, 점점 이전 수준을 회복 중이다. 싱가포르 소비패턴이 제자리를 찾으면 국내 기업과 동남아 지역의 허브 역할을 할 것으로 기대된다.

두 국가는 또 MZ세대(밀레니얼+Z세대) 움직임이 예사롭지 않은 곳이다. K-POP과 K-드라마의 인기에 힘입어 소주와 한국 식료품 등이 인기가 좋다. 특히 젊은 층을 중심으로 과일 맛 소주와 떡볶이, 오징어게임 열풍으로 인한 달고나 게임 키트 등이 큰 인기다. 덩달아 이 모든 것을 즐길 수 있는 한국형 편의

점이 주목받고 있다.

눈길을 끄는 것은 CU, 이마트24 등 국내 편의점들이 현지에서도 한국 편의점 모습을 그대로 재현하고 있다는 점이다. 일부 편의점은 간판뿐 아니라 상품들까지 모두 한국 편의점과 똑같다. CU 관계자는 "오히려 현지에서 한국에 있는 간판 글씨체, 제품을 변경하지 않고 그대로 수출해 주길 원한다"면서 "말레이시아 CU 매장에서는 떡볶이·닭강정·핫도그 등 국내 대표 간식들을 즉석조리해 판매하고 있다"고 말했다.

이 역시 달라진 소비 트렌드와 연관이 있다는 분석이다. 유통업계 한 관계자는 "기존 동남아 온라인 시장에서는 휴지·생수·세제 같은 저렴한 제품, 직접구매가 어려운 제품들, 단순반복구매 제품이 주로 팔렸다"면서 "이제는 직접 맛보고 한국 문화를 체험하는 형태의 구매로 바뀌는 추세"라고 말했다.

>>> "달라진환경에맞춰라"…전략수정·보완

발 빠르게 동남아시장을 선점한 기업들은 달라진 시장 환경에 맞춰 전략을 수정·보완해나가고 있다. 베트남과 인도네시아에 진출한 롯데쇼핑은 공격적인 출점 행보를 멈추고 오프라인 점포를 통폐합하는 작업으로 변경하고 있다. 동남아 소비패러다임 역시 이커머스로 급격하게 전환된 데 따른 것이다. 롯데리아, 엔젤리너스를 운영하는 롯데GRS와 롯데칠성음료 등의 계열사도 달라진 시장 환경에 맞춰 점포를 줄이고 늘리는 등 공략 포인트를 달리하고 있다.

이마트는 필리핀 사업에 속도를 내고 있다. 이마트는 필리핀 업계 2위인 로빈슨스 리테일과 브랜드 수출 계약을 체결한 바 있다. 이 계약을 통해 노브랜드와

코로나19 유행 이후 세계 소비자신뢰지수(CCI) 상위 8위국가

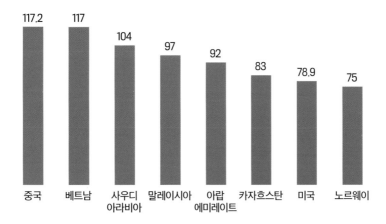

117.2 중국
117 베트남
104 사우디 아라비아
97 말레이시아
92 아랍 에미레이트
83 카자흐스탄
78.9 미국
75 노르웨이

자료: The Conference Board (2020년 2분기), KOTRA 하노이무역관

인도네시아, 탐링거리의 오피스 빌딩

인도네시아 소비재 시장 현황

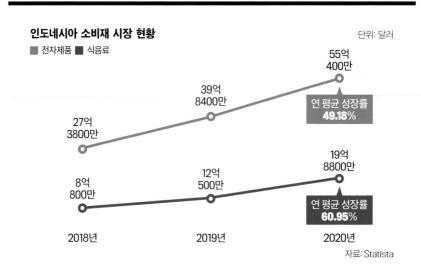

단위: 달러

■ 전자제품 ■ 식음료

- 55억 400만
- 39억 8400만
- 27억 3800만
- 연 평균 성장률 **49.18%**

- 19억 8800만
- 12억 500만
- 8억 800만
- 연 평균 성장률 **60.95%**

2018년 2019년 2020년

자료: Statista

**코로나19로 인해 이동이 제한되면서 원활한
재택근무를 위한 전자제품 수요 증가와 외식이 어려워지면서
직접 요리를 하는 경우가 많아진 결과다.**

아세안 5개국 전자상거래 시장 규모

단위: 달러

	2018년	2019년	2020년	2021년
인도네시아	136억8000만	203억4000만	274억6000만	346억2000만
타일랜드	3억7000만	5억4000만	66억7000만	81억9000만
베트남	22억8000만	44억3000만	54억7000만	63억5000만
말레이시아	22억4000만	32억5000만	44억3000만	50억5000만
필리핀	1억7000만	24억9000만	32억4000만	46억3000만

※예측치 포함

자료: Statista

센텐스 전문점 등 50개를 오픈한다는 목표로 사업을 확장하고 있다.

일찍 동남아시아로 눈을 돌린 CJ제일제당은 CJ Foods Vietnam(옛 킴앤킴)과 CJ Cautre(옛 까우제), CJ Minh Dat(옛 민닷푸드) 등 베트남 현지 식품업체 3곳을 인수해 한식 만두와 현지식 만두를 내세운 투트랙 전략을 추진해 왔다. 이후 현지 해산물 구매와 가공 가격 경쟁력을 기반으로 베트남을 '해산물 만두 수출 확대 전진기지'로 키워내는 등 시장 공략을 강화하고 있다.

SPC그룹은 싱가포르와 베트남을 적극 활용해 동남아 지역의 영토를 확장하고 있다. 이 두 지역과 근접한 캄보디아와 말레이시아, 인도네시아 등으로 파리바게뜨 해외 점포 출점을 늘리는 전략을 쓰고 있다. 향후 쉐이크쉑, 에그슬럿 등의 점포 확장에도 집중할 방침이다. 이 밖에도 제너시스 BBQ, 뚜레쥬르, 카페베네 등도 동남아 지역에 진출해 있다.

전문가들은 동남아 소매시장이 성장하면서 치열한 경쟁과 재편이 반복되는 가운데 승부 전략을 잘 짜야 한다고 조언한다. 한국무역협회 국제무역통상연구원은 "우리 기업이 베트남 소매 채널에 제품을 납품하기 위해서는 먼저 유통채널의 장단점을 잘 이해하고 이를 바탕으로 현지에 맞는 제품과 가격으로 대결해야 한다"면서 "제품을 파는 것에 그치지 않고 제품에 관한 충분한 설명과 적극적인 매장 관리도 중요하다"고 조언했다.

KOTRA 관계자는 코로나 팬데믹 이후 우리 기업의 동남아 대응 전략으로 ▶매장운영을 통한 편리한 경험 제공 ▶친환경 제품 생산 및 지역 생산자 보호 ▶옴니채널 구축 ▶로컬업체와 협업 ▶물품 수출 전 수입 규제 확인 등을 꼽았다. 이 관계자는 "자국산 우선구매 움직임이 증가하면서 현지 유통브랜드와 협력이 필요해지고 있다"면서 "온·오프라인 채널에 같은 수준의 배송·품질·서비스의 편리함을 제공하는 것이 국내만큼이나 중요해지고 있다"고 말했다. E

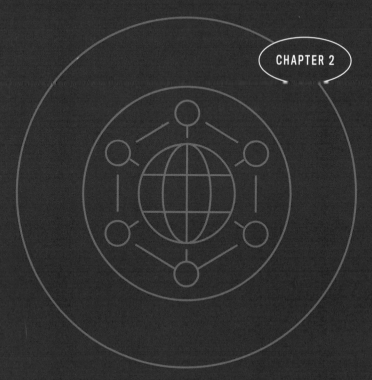

CHAPTER 2

세계 경제 흔들 변수

> > >

2022년엔 세계 경제의 양상이 달라질 형국이
다. 코로나19 사태가 장기화되고 곳곳에서 각
국의 이해관계가 첨예하게 대립하면서 경제 흐
름의 변동성을 자극하는 변수가 많아졌다. 이
에 대응하는 각국의 발걸음도 빨라지고 있다.
외환시장만 해도 코로나 사태 확산과 변이, 미
국의 금리 인상과 테이퍼링 단행, 중국발 공급
망 차질, 원자재 가격 상승 등으로 등락을 거듭
했다. 방역과 복지를 확대하기 위해 시중에 풀
린 막대한 자금은 인플레이션까지 자극하고 있
다. 게다가 탄소중립을 실현하기 위한 전세계
압박도 본격화할 전망이다.

'매'의 발톱 드러낸 연준
긴축 시계 빨라지나?

YES 80%

배현정 기자

40년 만의 최악의 인플레이션에 놀란 미국 연방준비제도(Fed·연준)가 테이퍼링(Tapering·자산매입 축소)의 고삐를 더욱 죄겠다고 밝혔다. 긴축 속도를 당초보다 2배 높이고, 2022년에만 3차례의 금리 인상을 시사했다. 긴축 시계가 빨라질 것임을 분명하게 예고했다.

2021년 12월 15일(현지시간) 이틀간의 연방공개시장위원회(FOMC)는 미 연준의 '인플레이션 파이터' 선언에 가까웠다. 제롬 파월 연준 의장은 "높은 물가상승률이 굳어지는 것을 막기 위해 모든 수단을 쓰겠다"며 '매파'(통화긴축 선호) 메시지를 쏟아냈다. 2021년 11월 미국 소비자물가(CPI)는 40년만에 최고치인 6.8%를 기록했다. 역대 최악의 인플레이션이 '슈퍼 비둘기'로 불리우던 파월 의장을 '매파'로 급변시킨 셈이다.

연방준비제도(Fed·연준)가 2022년에
기준금리를 세 차례 인상할 것을 시사했다.

신종 코로나바이러스 감염증(코로나 19)으로 인해 돈을 풀어 경기를 부양하던 정책을 끝내고, 높은 물가 상승에 대응하겠다는 의지를 확고하게 밝힌 것이다. 연준은 '인플레이션은 일시적'이란 표현을 이번 성명에서 삭제했다. 골드만삭스는 "내년 3월 금리 인상과 조기 대차대조표 축소를 가리킨다"며 "매파 연준에 놀랐다"고 평가했다.

세계 금융시장은 일단 안도하는 모양새다. 미 긴축속도가 예고된 만큼 '불확실성'의 해소라는 긍정적인 반응이 우세하다. 하지만 장기적으로 시장 위축을 불러올 수밖에 없다는 점에서 고민이 깊어지는 대목이다. 시중에 유포한 막대한 돈을 거둬들이면 자산시장은 움츠러들 수밖에 없어서다. 당장 한국은행의 기준금리 인상에도 힘이 실리고 있다. 국내 가계와 기업의 부채 문제가 심각한 상황에서 자칫 급격한 금리 인상은 경기회복의 발목을 잡을 수 있다는 우려도 커지고 있다.

>>> '인플레 파이터' 택한 연준, 3월 테이퍼링 조기 종료

미 연준은 2021년 12월 15일(현지시간) 이틀간의 연방공개시장위원회 (FOMC) 정례회의 후 성명서와 경제전망을 발표하고 2022년 1월부터 테이퍼링 규모를 월 300억 달러(국채 200억 달러, 주택저당증권(MBS) 100억 달러)로 확대한다고 밝혔다. 연준은 앞선 2021년 11월 FOMC 정례회의에선 국채 100억 달러, MBS 50억 달러 등 매월 총 150억 달러씩 매입량을 줄여갈 것이라고 발표한 바 있다. 급변한 태도는 최근 6%대를 훌쩍 넘어선 물가와 개선된 고용 상황의 영향으로 풀이된다.

연준이 이같이 긴축 가속페달을 밟음에 따라, 테이퍼링 종료 시점은 2022년 6월에서 3월로 앞당겨진다. 기준금리 인상에 나설 채비도 마치게 된다. 파월 연준 의장은 "테이퍼링 종료 시점과 기준금리 인상 사이에 긴 시간이 필요하지 않을 것"이라며 조기 인상에 대한 강력한 의지를 내비쳤다. 연준이 금리 인상 카드를 꺼내들 시점이 이르면 2022년 3월인 셈이다. 시카고상업거래소(CME)의 Fed워치는 "2022년 3월 인상 확률이 45%, 5월은 64%"라고 전망했다.

금리 인상 속도도 빨라질 전망이다. FOMC 위원의 금리 인상 전망이 담긴 점도표에선 다수의 위원이 2022년 3번의 금리 인상을 예상했다. 18명 위원 중 10명이 2022년 말 금리를 0.75~1.0%로 전망했다. 현재 0.0~0.25%인 기준금리가 0.25%포인트씩 인상할 경우 2022년 3차례 인상이 예상된다. 4차례의 금

이주열 한국은행 총재가
2021년 12월 16일 오후 서울
중구 한국은행에서 열린
물가안정목표 운영상황 점검
설명회에서 발언하고 있다.

리 인상을 예상(기준금리1.0~1.25%)한 위원도 2명이나 됐다.

　더 나아가 2022년 이후에도 금리 인상은 가파르게 진행될 전망이다. 2023년 기준 금리를 1.25~1.5% 혹은 1.75~2.0%라고 전망한 위원은 각각 5명이나 됐다. 1.75~2.0% 금리는 현재 금리에서 0.25%포인트씩 총 7번을 인상해야 하는 수치다. 이는 2022년 1~2회 인상을 예상했던 시장의 전망을 가볍게 뛰어넘는다. 연준 관계자들의 중간값에 근거한 전망치를 분석하면, 기준금리는 2022년 말까지 0.9%, 2023년 말 1.6%, 2024년 말 2.1%수준으로 상승이 점쳐진다.

　연준은 또 다른 긴축 카드도 꺼내들었다. 양적 긴축으로 불리우는 대차대조표(B/S) 축소다. 파월 의장은 "코로나 사태로 채권 매입을 통해 불어난 보유 자산을 축소하는 양적긴축(QT)의 시점을 아직 결정하지 않았으나, 앞으로

12월 연방공개시장위원회(FOMC) 점도표

-10명: 금리인상 3회(0.75~1.00%) 전망
-2명: 금리인상 4회(1.0~1.25%) 전망

자료: 미국 연방준비제도(Fed)

미국 연방준비제도(Fed) 금리인상 확률

■동결 ■인상

	동결	인상
2022년 1월	95.04%	4.96%
3월	54.53%	45.47%
5월	35.81%	64.19%
6월	15.09%	84.91%
7월	10.59%	89.41%
9월	5.51%	94.49%
11월	3.97%	96.03%
12월	1.51%	98.49%
2023년 2월	1.15%	98.85%

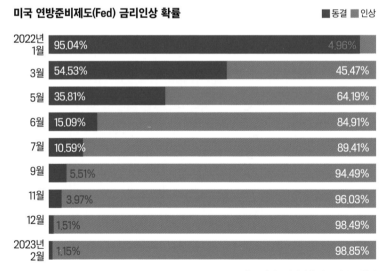

자료: 시카고상업거래소(CME) Fed 워치

FOMC 회의에서 논의하게 될 것"이라고 말했다. 이러한 대차대조표 축소는 채권 매각 등을 통해 자산을 줄이는 것으로, 테이퍼링보다 더 공격적으로 받아들여진다. 정용택 IBK투자증권 이코노미스트는 "연준의 금리 인상 시기보다 테이퍼링 자체를 주목해야한다"며 "연준이 이번 팬데믹에 대응하는 과정에서 집중적으로 매입한 물가연동채권을 이제까지와는 다른 방향으로 운용함으로써 기대인플레이션을 하락시키고, 실질금리의 가파른 상승을 유도할 수 있다"고 밝혔다.

연준은 이번 성명에서 매파적인 성향을 확실히 드러냈다. 테이퍼링 가속화와 기준금리 인상, 대차대조표 축소까지 아우르는 통화정책이 논의됐다. 그러나 이미 '매파' 연준을 예상했던 시장은 오히려 안도하는 모양새다.

FOMC 직후 미국·아시아 증시는 강한 상승세로 화답했다. 스탠더드앤드푸어스(S&P)500지수는 2021년 12월 15일(현지 시간) 1.63% 상승했다. 11개 업종 중 에너지 업종을 제외한 10개 업종이 모두 올랐다. 다우존스30산업평균지수는 1.08%, 기술주 중심의 나스닥 지수는 2.15% 각각 상승했다.

아시아 각국 증시도 상승세를 보였다. 상하이종합지수는 2021년 12월 16일 전날보다 0.75% 오른 3675.02로 장을 마감했다. 우리나라 코스피도 FOMC 안도감에 3000선에 안착했다. 이날 코스피는 전 거래일(2989.39)보다 17.02포인트(0.57%) 오른 3006.41에 장을 마감했다.

>>> **'긴축발작' 충격은 제한적, 장기적 자산시장 위축**

연준의 긴축 가속화는 장기적으로 자산 시장을 위축시키는 '양날의 검'이 될 수 있다. 코로나19에 대응하기 위해 풀었던 막대한 돈(유동성)이 점진적으로 흡

수되는 것을 의미하기 때문이다. 테이퍼링의 조기 종료는 기준금리 인상시점이 앞당겨질 수 있음을 뜻하기도 한다. 향후 시장의 유동성이 감소함에 따라 증시 등 자산시장의 부담이 커질 수밖에 없다.

특히 '2022년 3회'에 걸친 금리 인상 전망을 두고 국내외 금융시장은 크게 술렁이고 있다. 시티은행은 "연준이 시장 예상보다 더 매파적"이라며 "2022년 6월 첫 금리인상을 전망하며 테이퍼링이 종료되는 3월에 인상이 단행될 가능성도 있다"고 분석했다. 뱅크오브아메리카는 "점도표상 2022년 3회 금리 인상, 실업률 전망 대폭 하향 조정, 일시적 인플레이션 표현 삭제 등은 매파적"이라며 "첫 금리 인상 시점을 2022년 5월에서 3월로 앞당기고 매분기 0.25%포인트씩 9번의 금리 인상을 전망하며 예상보다 빨리 자산매각에 나설 가능성도 있다"고 밝혔다.

전문가들은 미 연준 외에도 영국, 러시아 등 주요국이 긴축에 착수하거나 금리 인상에 나서면서 시장에 혼란을 초래할 가능성에 주목했다.

기축통화국인 미국의 긴축 정책과 금리인상은 신흥국에게는 '충격의 시기'였다. 1970~1980년대 중남미의 외채위기를 비롯해 1997년 아시아 외환위기, 1998년 러시아 모라토리엄 사태 등은 미국의 긴축으로 인한 쇼크로 발생했다. 안재빈 서울대 국제대학원 교수는 최근 '글로벌 인플레이션 및 미국금리 전망과 한국 정책과제' 심포지엄에서 "미 연준은 충분한 긴축 신호를 통해 시장과 소통하고 있기 때문에 금융시장 혼란으로 이어지진 않을 것"이라면서 미 연준보다 유럽중앙은행(ECB)의 통화정책 방향을 주목해야 한다고 말했다. 안 교수는 "연준과 달리 ECB는 당분간 테이퍼링, 금리 인상 계획이 없다고 지속적으로 강조하고 있지만, 독일 등 유로지역의 물가가 급등하는 만큼 예상보다 빠른 통화정책 정상화가 이뤄지면 금융시장의 혼란으로 이어질 수 있다"고 경고

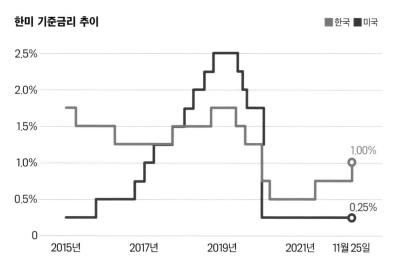

한미 기준금리 추이

■한국 ■미국

2.5%
2.0%
1.5%
1.0%　　　　　　　　　　　　　　　　　　　　　　　　　1.00%
0.5%　　　　　　　　　　　　　　　　　　　　　　　　　0.25%
0

2015년　　2017년　　2019년　　2021년　11월 25일

자료: 미국 연방준비제도(Fed), 한국은행

미국 연준 이사회 건물

세계 경제 흔들 변수 '매'의 발톱 드러낸 연준, 긴축시계 빨라지나

했다.

실제 각국 중앙은행은 신종 코로나바이러스 감염증(코로나19)의 새 변이인 오미크론 확산에도 불구하고 인플레이션에 대응하기 위해 속속 기준금리를 인상하고 있다. 영국 중앙은행인 영란은행(BOE)은 2021년 12월 16일 3년여 만에 기준금리 인상을 단행했다. 영란은행은 이날 기준금리를 0.1%에서 0.25%로 올렸다. 같은 날 노르웨이 중앙은행도 기준금리를 0.25%에서 0.5%로 인상했다. 러시아 중앙은행은 2021년 12월 17일 기준 금리를 연 8.5%로 1%포인트 끌어올렸다. 이는 2021년 7번째 이뤄진 금리 인상으로, 연초 4.25%였던 기준금리가 2배로 치솟았다.

이들 국가들은 물가상승 압력이 여전하다며 추가 금리 인상 가능성도 열어놓고 있다. 최근 오미크론 변이 확산이 글로벌 경제 회복에 먹구름을 몰고 왔음에도, 최악의 인플레이션 대응이 더욱 시급하다는 판단에 따른 것으로 보인다.

>>> 한은, 1분기 추가 금리 인상 전망…3차례 인상 관측도

한국은행도 2022년 기준금리 인상을 서두를 것이란 관측이 나온다. 한·미금리 수준에 따른 자본유출을 막기 위해서도 금리 인상이 불가피해서다. 달러와 같은 기축통화(국제 결제·금융거래의 기본화폐)를 가진 나라가 아닌 아시아 국가들은 미국과 적정금리 수준을 유지하지 않으면, 외국인 투자자들의 자금이 유출될 수 있기 때문이다.

급등하는 물가 우려도 금리 인상에 힘을 실어준다. 2021년 11월 기준금리를 0.75%에서 1.0%로 0.25%포인트 인상한 한은 금융통화위원회(금통위)가 2022

년 1월 기준금리를 추가로 인상할 것이라는 전망이 우세하다.

이주열 한은 총재는 2021년 11월 금통위 회의 직후 기자간담회에서 "이번 인상으로 기준금리가 1.00%가 됐지만, 여전히 완화적인 수준"이라며 "2022년 1분기 기준금리 인상 가능성도 배제할 필요는 없다"고 기준금리 추가 인상을 시사했다.

전문가들과 시장은 2022년 1분기 기준금리를 0.25%포인트 인상하고, 하반기에 한두 차례 추가 인상하는 방안을 가장 유력한 시나리오로 꼽는다. 현재 1.0%인 기준금리가 2022년 1.75%까지 오를 것이라는 예상이 우세하다. 이러한 금리인상은 코로나19 여파로 부채가 많이 쌓인 가계와 기업에 부담을 키울 수 있다는 점에서 우려도 낳고 있다. 천소라 KDI 경제전망실 모형총괄은 최근 '민간부채 국면별 금리 인상의 거시경제적 영향' 연구 보고서를 통해 "부채가 많은 시기에 금리를 인상하면 평상시보다 경제성장률이 더 큰 폭으로 떨어진다"며 "금리 인상에 동의하지만 경기 회복세를 고려하면서 점진적으로 속도를 조절해야 한다"고 당부했다. **E**

경계감 더하는 외환시장
달러 강세 이어질까?

YES 80%

김성호 SC제일은행 외환파생영업부 이사대우

2021년도 외환시장은 새해 첫 영업일 달러/원 환율 1080.30원으로 연간 저점을 출발해, 10월 12일 장중 1200.40원까지 상승했다. 2021년 12월 15일 현재 1180원대 중반에 형성되어 있는 등 전반적으로 우상향의 흐름을 보여주고 있다. 이러한 흐름이 2022년도에는 어떤 양상을 보일지 예측하기 위해 2021년도 외환시장을 되돌아보고 2022년도 환율 전망에 영향을 미칠 수 있는 주요 변수를 알아보고자 한다.

신종 코로나 바이러스 감염증(코로나19) 확산세가 극심했던 2021년도 1분기에는 미국 바이든 행정부의 부양책 통과, 유로존 백신접종 지연, 미·중 긴장 등의 우호적인 대외 환경 속에서 달러화 가치가 상승세를 보였다.

2분기에는 4월 배당금 역송금 경계 속에서 위험 선호가 강화되며 외국인 주

식 순매수세 지속, 견고한 수출여건 확인 등으로 환율이 1100원대로 하락했으나, 아시아 코로나19 재확산, 매파적인 6월 FOMC 여파로 인해 달러는 강세로 전환했다.

>>> 2021년 코로나19 확산세 속 강(强)달러 기조

이후 3분기에는 코로나19 델타 변이 바이러스 확산과 글로벌 경제회복 둔화 우려 속에 달러/원 환율은 연중 최고치를 경신했고 8월말 잭슨홀 미팅, 제롬 파월 연방준비제도(Fed·연준) 의장의 비둘기파적 발언에 강달러 분위기는 완화됐

환율 추이

— 대한민국 달러/원(USD/KRW, 서울외환중개)(일)　— 세계 달러인덱스(일)

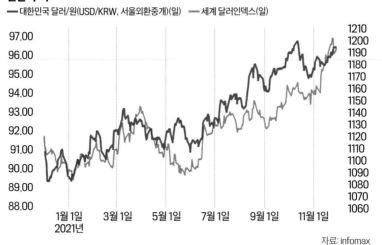

97.00		1210
96.00		1200
95.00		1190
94.00		1180
93.00		1170
92.00		1160
91.00		1150
90.00		1140
89.00		1130
88.00		1120

1월 1일　3월 1일　5월 1일　7월 1일　9월 1일　11월 1일
2021년

자료: infomax

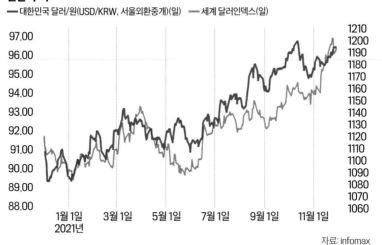

뉴욕 주식 거래소에 제롬 파월 연방준비제도 의장의 테이퍼링 발표 소식이 전해지고 있다.

으나 중국발 규제 리스크, 공급망 차질, 메모리 반도체 정점론 등에 달러 강세는 지속됐다.

4분기에는 유럽, 중국의 전력난에 원자재 가격 급등 및 중국 헝다 리스크가 부각되며 장중 1200원을 상회했으나 중국 경제 우려가 완화되며 다시 환율은 1160원대까지 반락했다. 2021년 연말 환율은 1170원~1190원대에서 마감할 것으로 예상된다. 환율 추이 그래프는 2021년의 달러/원 환율 및 달러 인덱스의 트렌드를 보여주고 있다.

>>> 코로나, 테이퍼링, 중국 등 외환시장 주요 변수

2022년 외환시장에 영향을 줄 주요 요인으로는 ▶오미크론과 위드 코로나 ▶원자재 가격 상승과 공급망 차질 ▶인플레이션과 연준 테이퍼링 자산매입 축소 ▶중국 경기둔화 우려 ▶미·중 패권 ▶한국경제와 한국은행의 스탠스로 보여진다.

① 오미크론과 위드 코로나

우선 남아공에서 발견된 새로운 변이 바이러스인 '오미크론'에 대한 우려로 글로벌 시장의 변동성이 커졌다. 오미크론은 델타 변이보다 높은 전파력을 지녔으나 증상이 가볍고 변형된 백신 공급이 원활히 이루어질 것이라는 기대감에 아직은 시장에 큰 우려감이 없으나 계속되는 변이 바이러스로 인해 긴장감은 여전히 유지되고 있는 상황이다.

현재 한국에서도 코로나19 중증 환자수가 증가하고 있는 상태로 지금의 위드 코로나 상황이 바뀔 수 있어 당분간은 경제 상황에 영향을 크게 주는 요인으로 보인다.

② 원자재 가격 상승과 공급망 차질

최근 부각되는 글로벌 인플레이션은 2022년도 미국 기준금리 인상에 가장 크게 영향을 미치는 핵심 요인이다. 팬데믹 장기화에 따른 결과로 원자재, 재화, 물류, 고용에서 인플레이션이 발생하고 있으며 ▶원자재의 경우, 경제 재개에 따른 수요급증, 중국/인도의 화석 연료 재고 부족, 탄소 중립 전환 등으로 불안정한 원자재 수급으로 인한 가격 상승 ▶재화의 경우는 중국 및 아시아 신흥국의 코로나19로 인한 락다운, 생산 중단으로 차량용 반도체 부족 사태원인 ▶물류와 고용으로는 항만 정체 등의 운송차질, 인력 부족을 예로 들 수 있다.

최근 원자재, 재화, 물류 부분에서는 조정 신호를 보이고 있으나 고용의 경우 각국의 구조적인 문제로 단기간 해결이 어려울 것으로 예상되며 코로나19 봉쇄 조치가 재차 강화된다면 시장 불확실성을 키우는 변수가 될 것으로 보인다.

③ 인플레이션과 미 연준의 '테이퍼링'

2021년 11월 미국 소비자물가(CPI) 상승률은 전년 동기대비 6% 상승해 31년 만에 최대 기록을 세웠고, 중국 10월 생산자 물가도 13.5% 급등했다. 이는 글로벌 공급망 차질에 따른 에너지·원자재 가격 급등세가 주된 요인이었다.

미국의 과감한 재정 확대 및 연준의 막대한 유동성 공급이 인플레이션의 요소가 되었고 이에 따라 통화정책 정상화 또한 속도를 낼 것으로 예상된다. 특히 파월 연준 의장이 연임되며 최근 인플레이션은 '일시적'일 것이라는 기존 입장을 철회함으로써 연준은 긴축 속도를 높이겠다는 매파적 입장으로 전환했다.

중국 상하이에 있는
헝다센터 건물.

2021년 11월 미국 비농업 부문고용지표가 21만명 증가로 시장 예상치 절반에도 못 미쳤으나 경제활동 인원의 증가세와 실업률이 4.6%에서 4.2% 하락하는 등 고용상황이 개선되고 있다는 긍정적 평가가 있어 연준은 테이퍼링 속도를 늦추지 않을 것으로 예상된다. 앞서 언급한 공급망 차질 및 오미크론 변이 등의 인플레 압력을 가중시키는 요인이 여전히 존재한다는 점도 테이퍼링 및 금리 인상 가속화에 따른 달러 강세 압력 요인이다.

④ 여전한 중국 경기 둔화 우려

중국 시장은 크게 헝다 리스크, 지준율 인하, 규제 관련 불확실성이 주요 변수다. 우선 헝다 리스크의 경우 2021년 12월 3일 헝다 그룹이 기습공시를 통해 2억6000만 달러 채무 상환이 어려울 수 있다고 발표하는 등 처음으로 공식 채무불이행(디폴트) 가능성을 언급했다.

　중국 부동산 개발기업인 '양광100중국'과 '아이위안' 달러채 상환에 실패하는 등 중국 부동산 개발 업체 연쇄 도산 우려가 확산되고 있다. 그간 중국정부의 공식적인 개입을 통해 헝다 그룹 구조조정이 진행되고 있었고, 설사 공식 디폴트를 내더라도 개별 이슈로 중국 경제에 위협이 되지 않을 것이라고 금융당국이 선을 그었으나 중국 부동산 투자 및 소매 판매 추세 감소세를 보이는 등 중국 경제의 성장 둔화 압력이 갈수록 가중되고 있다.

　둘째, 작년 12월 3일 중국 리커창 총리가 중소기업을 집중적으로 지원하기 위해 지준율 인하 계획을 발표했으며 이번 조치로 공급되는 유동성은 만기 도래하는 중기유동선지원창구(MLF) 상환에 활용될 예정이다. 실질적인 효과는 제한적으로 보이나 중국 당국이 현재와 같이 부동산발 경기 둔화 압력이 가중되는 등의 시장 불확실성이 커질 경우 향후 지준율 인하 카드를 다시 꺼낼 가능성이 크다. 이런 중국 지준율 인하는 위안화 강세로 이어질 것이며 위안화의 프록시(대리) 통화인 원화도 강세를 보일 것으로 보이나 최근에는 위안화와 원화의 방향이 같은 방향으로만 가지 않는 모습도 보이고 있다.

　셋째, 규제 관련 불확실성과 관련해서는 2022년에 중국 지도부 교체에 따른 정치·정책·패러다임 등 3가지 변화가 나타날 것으로 전망되며 정치적으로는 국가 통치 전략의 전환으로 시진핑 국가 주석의 3연임 체제가 본격화 될 것으로 보인다. 특히 경기 부양의 강도가 내년 정책 결정의 핵심이 될 것이며 중국 무역 흑자가 증가하는 가운데 당국 정책 기조가 부양보다는 규제에 집중될 수 있다.

⑤ 계속되는 미-중 패권 갈등

미국과 중국 간의 패권 갈등 양상은 무역 전쟁에서의 첨단산업 패권전쟁으로 전환되고 있으며 반도체를 제외한 디스플레이·배터리·전기차 등 다양한 분야에서 중국이 선두권을 점유한 상태다. 바이든 대통령 취임 후 2021년 11월 미·중 정상회담 실시에서 보여준 것처럼 입장차가 큰 상태로 서로의 입장을 수용하도록 압박만을 시사할 뿐, 갈등을 해소할 만한 요소는 찾아보기 어렵다. 이는 정치적 이슈로 주변국가 및 환율변동에 미치는 영향력이 과거보다 커질 가능성이 있다.

⑥ 한국경제와 한국은행의 스탠스

코로나19 관련 불확실성이 상존함에도 불구하고 물가, 부동산 가격 상승세, 가계 부채 증가세라는 금융시장 불균형을 완화하기 위해 한국은행은 2021년 11월 기준금리를 1.0%로 인상했다. 현재에도 오미크론 등 대내외적으로 불확실성이 크지만 2022년에도 미국 금리 인상과 맞물려 한국은행도 2회 정도의 금리 인상에 나설 것으로 예상하고 있다.

>>> 2022년 '소폭'의 달러 약세…연간 1100~1280원

달러/원(USD/KRW)

미국 금리 인상 가능성을 반영하면 달러화 강세는 내년 상반기까지 지속될 것으로 보여진다. 미국 우위의 경기흐름과 미국 금리 인상 가능성이 높아지며 테이퍼링 및 금리 인상이 가속화 될 것으로 확실시되기 때문이다. 또한 유로존의 코로나 재확산 및 오미크론 출현, 글로벌 공급망 문제, 중국 리스크 등의 시장 불확실성은 이 같은 달러 강세 압력 요인에 해당된다. 2021년 달러화가 박스권

코로나19 충격이 덮친 서대구 산업단지.

에 머물다 저항성을 상향하는 모습이나 유로/달러(EUR/USD) 환율은 기술적인 1.15 레벨 밑으로 하락하며 달러화 강세를 뒷받침한다. 단, 공급망 병목 문제, 에너지 가격 상승세 등의 시장 불확실성 요인들에 대해 시장 공감대가 형성된다면, 주춤했던 경기가 재차 회복세에 접어들며 미국 외의 국가로의 자금 흐름이 재개되어 달러화가 약세를 보일 수 있다.

결국 2022년도 기본적인 트렌드는 소폭의 달러 약세로 예상되나 예상치 못한 이슈 등으로 진폭은 커질 수 있다. 연간 기준 예상 범위는 1100~1280원으로 전망한다.

유로/달러(EUR/USD)

연준의 통화정책 정상화에 따른 달러 강세 압력과 경기 모멘텀 방향 감안 시,

상반기에는 약세 압력이 커질 것으로 보여진다. 최근 유로존 중심 코로나 확진자 급증에 따라 오스트리아 등 주요국 방역조치를 강화하며 이에 경제 정상화 지연 우려가 확대되고 있는데, 최근 발표된 경제지표에서 부진한 흐름을 이어가며 약세 압력은 가중될 것으로 보여진다. 하지만, 유로존의 인플레이션이 최고 수준으로 올라와 있는 가운데 유럽중앙은행(ECB) 통화정책 정상화에 대한 기대감은 유로화 약세폭을 제한해 하반기에는 기존의 수준으로 올라갈 수 있을 것으로 보인다. 유로-달러화의 연간 레인지는 1.05~1.15달러로 예상한다.

달러/위안(USD/CNY)

위안화는 신흥국 통화대비 안정적인 흐름을 보일 것으로 예상된다. 우선 양적성장이 정체된 가운데 중국 정부의 통화·재정 부양 여력이 크지 않아 추가적인 경기 회복 모멘텀이 제한적일 것으로 예상된다. 헝다 등의 부동산 개발업체의 유동성 리스크와 중국 정부의 전방위적인 규제정책, 미중 패권 경쟁 등의 불확실성 요인들이 공존하고 있어 위안화 약세 압력은 확대될 가능성이 있으나, 내수 위주의 발전을 꾀하고 있어 가파른 위안화 변동성은 경계할 것으로 판단한다. 연간 최저/최고 환율 예상 레인지는 6.20~6.54위안이다. **E**

코로나 사태로 커진 유동성
인플레이션 쓰나미 올까?

YES 50%

이용우 기자

"일시적인 것은 잊어라. 인플레이션은 현재 지속적이며 매우 높다."

월스트리트 저널(WSJ)은 2021년 12월 11일 미국이 40년 만에 최악의 인플레이션에 직면했다는 소식을 전하면서 이같이 표현했다. 더 심각한 물가 상승도 예고했다. 40년 전 미국이 15년간 잡지 못한 '더 그레이트 인플레이션(The Great Inflation)'을 다시 경험할 수 있다는 경고였다. 그 지속성과 강도는 금융권의 예측을 벗어날 수 있다는 우려도 덧붙인다. 이런 이유로 여유를 부렸던 제롬 파월 미국 연방준비제도(Fed·연준) 의장은 매파적(긴축정책 선호 성향)으로 입장을 바꿔 서둘러 테이퍼링(자산매입 축소) 시행과 금리 인상을 예고했다. 문제는 인플레이션이 경제 교과서 분석처럼 잡힐 것이냐에 있다. 시장은 '반반'을 점친다.

제롬 파월 미국
연방준비제도 의장

　신종 코로나바이러스 감염증(코로나19)의 특징은 통제가 쉽지 않다는 데 있다. 백신 접종률을 높여도 좀처럼 확진자 증가를 잡기 어렵다. 백신 효과도 길지 않다는 점 때문에 부스터샷을 정부가 독려한다. 변이도 빠르다. 코로나19는 각 국가의 수많은 변수와 바이러스의 빠른 변이 탓에 백신 공급 확대와 상관없이 확진자 추이가 요동친다. 의료 체계는 요동 속에 혼란스러워한다.

　금융시장이라고 다를까. 코로나19로 인한 사회적 특징과 비슷하게 움직이는 곳이 금융권이다. 2020년엔 팬데믹 공포심에 전 세계 증시가 무너졌고, 이후 예상치 못한 속도로 자산 가격이 치솟았다. 국가마다 역대급 유동성을 일으킨 영향이다. 그렇게 자산 가격 하락은 막았지만, 그 결과로 나타난 인플레이션은 예상 속도를 뛰어넘고 있다. 문제는 코로나19 상황이 2년이 넘어도 멈추기 어렵

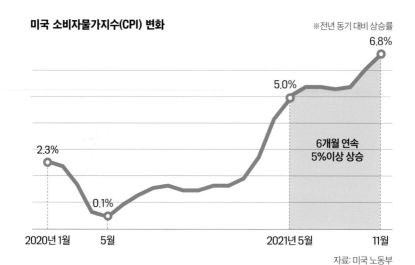

미국 소비자물가지수(CPI) 변화　　　　　　　※전년 동기 대비 상승률

6.8%

5.0%

2.3%

0.1%

6개월 연속
5%이상 상승

2020년 1월　　5월　　　　　　　　　2021년 5월　　11월

자료: 미국 노동부

일시적인 것은 잊어라.

인플레이션은 현재 지속적이며 매우 높다.

미국 뉴욕증권거래소(NYSE) 모습.

다는 데 있다. 유동성에도 한계가 나타났다. 물가 상승세가 높아 금리를 올려야 하는 상황이지만, 경기 침체 우려는 여전히 높다. 금리 인상에도 물가 상승과 경제 불황이 동시에 나타나는 스태그플레이션에 대한 우려도 만만치 않다. 변이 바이러스의 등장은 금융권의 불안을 더욱 키우고 있다.

금융권은 글로벌 경제가 위기의 벼랑에 서 있다는 분석을 내놓는다. 미국의 물가상승률은 1982년 이후 최고치를 갈아치웠다. 각 국가의 물가도 비슷한 모습이다. 미국이 유동성 공급 축소와 기준금리 인상 신호탄을 급하게 쏘아 올렸지만 일각에서는 '결과를 확신할 수 없다' 분석을 내놓는다.

>>> 미국 인플레이션 심상치 않다

미 노동부가 2021년 12월 10일(현지시간) 발표한 11월 소비자물가지수(CPI)는 역대 최대를 기록했다. 1년 전 같은 기간보다 6.8%가 올랐다. 10월 상승률(6.2%)을 넘어섰다. 11월 CPI는 1982년 이후 역대 최고치를 기록했다. 물가 상승은 시장 전반에서 나타나고 있다. 유류와 식품을 제외한 근원 CPI도 4.9%나 상승하며 5%에 육박했다. 유가는 1년 만에 33%나 급등했다. 현 인플레이션은 미국 정부의 경기 부양책과 저금리, 임금 상승이 요인으로 지목된다. 미국 노동부가 발표한 2021년 11월 민간·부문의 시간당 임금은 전년 동기 대비 4.8% 올랐다.

이런 이유로 빌 클린턴 미국 대통령 시절 재무장관을 지낸 래리 서머스 하버드대 교수는 최근 인플레이션 위험이 커졌다며 미국 경제가 향후 2년 내 침체에 빠질 가능성을 경고했다. 서머스 교수는 버락 오바마 행정부에서도 국가경제위원회(NEC) 의장을 지낸 민주당 핵심 인사다. 서머스 교수는 2021년 12월 7일 (현지시간) 월스트리트저널 최고경영자(CEO) 카운슬 서밋에서 "인플레이션이 뚜렷해졌다"며 "중앙은행인 연준이 경기침체 없이 물가를 억제할 가능성이 줄었다"고 말했다. 그는 "향후 2년 내 미국 경제가 침체에 빠질 가능성을 30~40%로 본다"고 강조했다.

그는 2021년 5월에도 조 바이든 행정부에서 돈을 재차 풀어버린 탓에 현재의 인플레이션이 발생했고 쉽게 해소되기 어렵다고 주장한 바 있다. 유동성 확대에 따라 수요의 힘이 강해졌는데 공급은 부족해지면서 결국 가격 상승 속도가 빨라졌다는 설명이다.

서머스 교수와 마찬가지로 세계 최대 자산운용사인 블랙록의 래리 핑크 최고경영자(CEO)는 2021년 12월 14일 CNBC에 출연해 인플레이션의 지속성을 경고했다. 그는 "델타 변이 바이러스로 인해 아시아 일부 지역이 둔화하고, 이는 공급망 부족 문제를 더욱 악화시킬 것"이라고 말했다.

이런 이유로 "인플레이션은 일시적"이라고 말해온 제롬 파월 미 연준 의장도 매파적으로 입장을 바꾸며 테이퍼링 조기 시행과 금리 인상을 전환했다. 연준은 2021년 12월 15일(현지시간) 성명을 통해 테이퍼링 축소 속도를 현재의 2배로 높여 2022년 6월이 아닌 3월에 이를 마무리하기로 했다. 연방공개시장위원회(FOMC) 위원들은 또한 향후 기준금리도 2022년에 세 차례 인상할 것이라고 예고했다. 이에 미국 기준금리는 2022년 말 0.75~1.00% 수준에 이를 것으로 예상된다. 2020년 3월부터 이어져 온 '제로(0)' 수준의 기준금리 시대는 2년여 만에 막을 내리게 됐다.

연준은 일단 현 인플레이션을 잡아보겠다는데 의견을 모았다. 이는 과거 70년대에 발생했던 '더 그레이트 인플레이션' 재발을 막아보자 점에서 합의를 본

결정으로 풀이된다. '더 그레이트 인플레이션'은 미국에서 1965년부터 1982년까지 17년 동안 물가가 최대 15%대까지 올라 생긴 명칭이다. 당시엔 베트남 전쟁에다 1, 2차 오일쇼크가 터지면서 원자재 가격들이 고공행진을 했고 장기적 인플레이션을 초래했다. 연준이 인플레이션에 대해 기존 '일시적(transitory)'이라는 표현을 없앤 것도 현 물가 상승 속도가 40년 전으로 갈 수 있다는 점에 우려를 표한 것이라는 해석도 나온다.

>>> 한국도 인플레이션 피해 가지 못해

주요국의 인플레이션 현상에서 한국도 예외는 아니다. 오히려 수출 중심의 한국 경제가 코로나19의 글로벌 재확산, 아시아 지역의 셧다운(공장 폐쇄)에 따른 글로벌 공급망 차질 확대, 중국 경기 침체 우려 등으로 성장성 둔화가 보다 강하게 나타날 수도 있다는 분석이 제기된다. 특히 중국 무역 의존도가 높은 탓에 한국 경제는 중국 정책과 생산 변화에 경기가 민감하게 움직여 물가 불안정을 키울 수 있다.

한국은행도 이런 이유로 글로벌 인플레이션이 장기간에 이어질 가능성을 제기하면서 2022년 국내 물가 수준이 목표 수준인 2%를 넘는 등 높은 인플레이션 압력이 발생할 가능성을 예상하고 있다. 2021년 하반기 단계적 일상회복(위드 코로나)을 시행한 것도 물가 상승을 부추긴 것으로 분석된다. 심야 시간 이동량 증가와 서비스 부문에서의 신용카드 지출이 늘어났다는 지적이다. 이런 민간소비 증가가 2022년에도 쉽게 잡히지 않을 전망인 가운데, 한은은 민간소비가 2022년 상반기에 1년 전 대비 4.1% 증가, 하반기에도 3.2% 증가하는 등 높은 증가세를 보일 것으로 예상했다.

국내 소비자물가 상승률은 2021년 하반기 이후로 고공행진했다. 글로벌 인플레이션이 나타나면서 무역 의존도가 높은 한국의 물가가 영향을 받고 있다는 게 한은의 분석이다. 한은은 "글로벌 물가 오름세가 당초 예상보다 장기화하면서 적어도 2022년 상반기까지는 이어질 가능성이 있다"고 전망했다. 또 한은은 '통화신용정책보고서(2021년 12월)'에서 "물가가 상당 기간 목표 수준을 상회할 것으로 예상되므로 앞으로 통화정책의 완화 정도를 적절히 조정해 나가겠다"고 밝혔다. 물가 상승 원인으론 주요국의 물가 상방 압박, 공급병목 해소 지연, 임금 및 기대인플레이션 상승, 주거비 물가 오름세 등을 꼽았다.

이에 따라 한은은 2021년 8월과 11월 잇달아 기준금리를 인상하며 제로금리 시대의 막을 내렸다. 미국의 테이퍼링과 기준금리 인상 예고에 따라 2022년 추가 기준금리 인상 시기도 앞당길 것으로 보인다. 기준금리를 결정하는 금융통화위원회는 2022년 1월 14일, 2월 24일 두 차례 열릴 예정이다. 금융업계는 한국의 대선을 앞둔 2월보다는 1월에 우선 한 차례 기준금리를 인상할 가능성이 높다는 분석을 내놓고 있다.

>>> "장기적 인플레이션 2022년 말 해소될 수도"

인플레이션이 심각한 수준이지만 장기적으로 이어지기는 힘들다는 전망도 있다. 이는 미국이 1965년부터 겪은 초고도 인플레이션 현상 때와 현재가 많이 다르다는 분석이다.

1960년대 말과 1970년대는 인구 증가로 인한 넘치는 수요로 공급망 문제가

현대자동차 울산공장
수출선적부두와
야적장에 완성차들이
대기하고 있다.

발생하면 물가 상승이 곧바로 발생할 수 있었다. 하지만 최근에는 한국만 아니라 미국과 중국 등 주요국의 인구 감소 문제가 오랜 기간 누적됐다. 결국 수요의 힘이 계속 약해지면서 40년 전에 겪은 심각한 인플레이션이 '장기간' 이어지기 어렵다는 평가가 제시된다. 아울러 최근 중국의 헝다 사태에서 나타난 것처럼 중국 정부의 디레버리징(부채 줄이기) 정책이 단기간에 끝나지 않을 가능성이 있다. 이럴 경우 원자재 가격 폭등을 누르는 작용이 발생할 수 있다. 이에 과도한 인플레이션이나 스태그플레이션보다는 2022년 하반기 이후로 글로벌 공급망 부족 해소와 금리 인상에 따라 선진국을 중심으로 물가 상승률이 안정 궤도에 이를 수 있다는 분석이 나온다.

아울러 코로나19의 치사율이 변이 바이러스 발생에도 우려만큼 증가하지 않았다는 점도 단기성 인플레이션 주장의 근거가 되고 있다. 오미크론과 관련해

국내 생활물가 추이

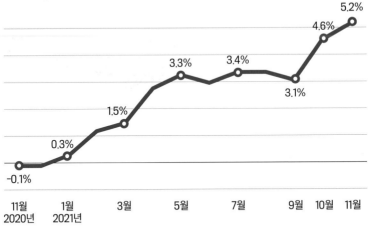

※전년 동월 대비, 전체 460개 품목 중 소비자 구입 빈도가 높고
지출 비중이 큰 141개 항목으로 구성. 서민 체감 물가와 직결.

-0.1%
0.3%
1.5%
3.3%
3.4%
3.1%
4.6%
5.2%

11월
2020년

1월
2021년

3월

5월

7월

9월

10월

11월

자료: 통계청

서울 시내 한 대형마트에서 장을 보는 시민들.

미국 전염병 권위자인 앤서니 파우치 국립알레르기·전염병연구소(NIAID) 소장은 "델타 변이보다 심각하지 않다"는 의견을 내놨다. 코로나19가 확산하고 있지만 치사율에선 현재 심각한 수준을 보이고 있지 않다는 설명이다. 이에 우려됐던 글로벌 이동 제한에 따른 생산·운송 차질 우려가 다소 완화될 것이란 전망이 힘을 받는다.

아울러 2022년 상반기부터 동절기 난방 수요 둔화와 중국 동계올림픽 이후로 예상되는 공장 가동 정상화로 2022년 1분기 이후 글로벌 물가 상승률이 하향 안정화될 것이란 전망도 나온다. 특히 중국 정부의 '일단 부채를 잡고 가겠다'는 정책이 글로벌 인플레이션과 관련해 호재가 되는 모습이다. 중국의 부동산 경기가 식을 경우 가장 먼저 건설 쪽에 타격이 발생할 수 있다. 이에 따른 철강 등 원자재 수입 위축과 가격 하락이 발생할 수 있다. 김효진 KB증권 연구원은 "중기적으로는 1970년대와 달리 마이너스 진입을 앞두고 있는 인구, 단기적으로는 중국의 분배 및 디레버리지 우선 정책이 수요 전망을 둔화시키며 인플레이션의 지속력을 약화시킬 것"이라고 설명했다.

국회예산정책처도 2021년 11월 29일 발간한 'NABO 경제·산업동향&이슈'를 통해 최근 높은 인플레이션 압력 발생과 관련해 "향후 국제 원자재가격 상승, 글로벌 공급망 차질 등의 문제가 점진적으로 해소된다면 최근의 높은 인플레이션 압력은 완화될 가능성이 있다"고 설명했다.

>>> 전기차 시장 및 금·달러 투자 관심 커질 전망

글로벌 인플레이션과 미 연준의 테이퍼링 및 금리인상, 중국의 디레버리지 정책 등으로 2022년의 주식 시장 변동성은 더 커질 것으로 예상된다. 투자 업계에선 2020년과 같은 주식 호황은 2022년에는 보기 힘들 것으로 전망한다. 특히 자산 거품을 형성하는 실질금리(중앙은행이 설정하는 명목금리에서 물가상승률을 공제한 금리)가 여전히 마이너스인 상황이다. 이에 통화정책 정상화에 따라 금리 상승 체감도는 시장에선 더 커질 수밖에 없다. 결국 장기간 견조한 실적을 달성해온 기업과 아닌 기업의 차이가 뚜렷하게 나타날 것으로 예상된다.

JP모건은 2022년에도 인플레이션이 시장에 영향을 줄 것으로 평가하고 이에 대응하기 위해 리플레이션(재정 확장을 통한 경기 성장과 인플레이션 상승)에 민감한 주식들을 주목해야 한다고 전망했다. 이에 필수 소비재보다는 에너지주와 금융주가 상승 동력이 크고, 대형주보다는 소형주가 좋다고 내다봤다. 기술주의 경우에는 금리로 인해 적정 주가 문제에 부딪힐 수 있다고 전망했다. 뱅크오브아메리카(BoA)도 비중을 확대할 만한 섹터로 에너지·헬스케어·금융을 꼽았다.

인플레이션에 따라 노동 집약적인 생산 구조를 가진 필수 소비재 섹터의 경우 어려움이 예상된다. 수요가 계속 창출될 것이란 예상이 쉽지 않기 때문이다. 반면 금융주의 경우 전통적 금리 수혜주인 만큼 확대된 대출자산과 금리 인상에 따라 안정적인 실적이 예상되고 있다. 아울러 코로나19 확진자 수가 감소할 경우 소형주가 대형주보다 높은 수익률을 보일 가능성이 제기된다. 그만큼 코로나19 위기를 벗어나 경영 정상화로 이익 창출이 가능한 기업들에 대한 투자도 관심을 받을 것으로 보인다. 아울러 코로나19 이후 친환경 분야 투자가 여전히 안전한 투자처가 될 것으로 예상된다.

대표적으로 전기차 시장과 관련한 자동차 기업과 전기차 개발을 위한 핵심 부품 소재에 대한 정부 및 기업적 투자는 계속 활발할 전망이다. 에너지조사기관 블룸버그 뉴에너지파이낸스(BNEF)는 2021년 하반기에 발표한 '무공해 자동차(ZEV) 팩트북' 보고서를 통해 2021년 말 전 세계에서 판매되는 전기차가 560만대가 될 것으로 예상했다. 아울러 BNEF는 '2021 전기차 전망' 보고서를 통해 2040년까지 무공해차 규모가 6억7700만대가 될 것으로 예상했다. 종전 전망치(4억9500만대)보다 크게 확대됐다. 전기차 시장과 함께 태양광·풍력 등 친환경 에너지에 대한 주요국 정부 주도의 투자가 이어지고 있어 민간시장의 관심 증가도 예상된다.

금과 달러는 인플레이션과 금리 인상 시기에 대표적인 안전자산으로 손꼽힌다. 금 현물만 아니라 금통장(골드뱅킹)과 금 상장지수펀드(ETF) 등이 자산 배분에서 필수 전략으로 떠오를 것으로 예상된다.

미국이 금리를 인상할 경우 달러에도 투자자들이 관심이 커질 수밖에 없다. 이미 달러의 가치는 오르고 있다. 유로, 일본 엔, 영국 파운드, 캐나다 달러, 스웨덴 크로네, 스위스 프랑 등 주요 6국 통화 대비 달러 가치를 나타내는 달러인덱스는 2021년 12월 15일 기준 96.58로 11월 초 대비 2.61% 올랐다.

보통 미 연준이 유동성을 줄이고 기준금리를 올리면 달러 공급이 줄면서 달러 가치가 상승한다. 내년도 오미크론으로 인해 불확실성이 계속될 전망으로 연준이 계획대로 금리를 올릴 경우 달러에 대한 수요 역시 증가할 것으로 예상된다. 일각에선 원·달러 환율이 미 금리 인상과 오미크론 불확실성 확대로 내년 1200원을 넘어설 가능성도 제기한다. 이에 달러 자산과 함께 이에 투자하는 달러 펀드의 수익률을 기대하는 투자자들이 늘어날 전망이다. **E**

글로벌 ESG 경영
탄소제로 시대 가까워질까?

NO 80%

이병희 기자

'탄소제로(0)' 시대는 가까워질까. 세계적으로 환경·사회·지배구조(ESG) 경영이 주목 받는 가운데 특히 환경 문제가 화두로 떠오르고 있다. 기후 환경 변화와 지구 온난화로 인한 위기가 커지자 이산화탄소 감축, 나아가 탄소 배출량을 '제로(0)' 수준까지 떨어뜨리자는데 공감대가 형성되고 있다.

그러나 현실과 이상의 괴리를 무시할 수 없는 것도 사실이다. 탄소제로 사회를 만들어야 한다는 것에는 누구나 찬성하지만, 단시간에 이런 환경을 만들 수 있느냐 하는 것은 또 다른 문제이기 때문이다. 첨단 기술, 막대한 자금, 전 지구적 노력이 장시간 투입돼야 가능한 일이다. 언제까지 탄소제로 시대를 만들 것이냐 하는 게 중요하지만 2050년까지는 어려울 것으로 보인다.

지구 온난화를 막고 기후 변화에 대처하기 위해 '탄소제로' 사회를 만들려는

포스코맨들이 용광로 출선구(쇳물이
나오는 출구) 정리작업을 하는 모습.

논의가 활발하게 이뤄지고 있다. 탄소제로란 인간이 인위적으로 만들어내는 탄
소량을 '0'으로 만든다는 뜻이다. 지구를 덥히는 온실가스 가운데 가장 큰 비중
을 차지하는 이산화탄소·메탄 등의 탄소 배출량을 줄인다는 것이다.

>>> 전세계,탄소제로 취지는 공감…약속은 미적

탄소 발생을 막는 것은 현재 기술로는 불가능하다. 하지만 배출량을 최소화
하고 나무를 심거나 이산화탄소를 흡수하는 기술을 개발하는 등의 방식으로
탄소제로 사회를 만들 수 있다. 탄소발생을 플러스(+), 흡수를 마이너스(-)로 계

재생에너지 전원 비중

단위: %

■ 신재생 ■ 무탄소 ■ LNG ■ 석탄 ■ 원전 ■ 기타

	신재생	무탄소	LNG	석탄	원전	기타
2020년	6.6		26.4	35.6	29.0	
2030년	30.2	3.6	19.5	21.8	23.9	
2050년	72.1				21.5	6.1

신재생 + 무탄소 93.6%

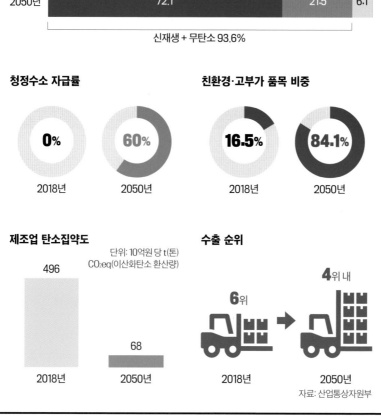

청정수소 자급률

0% 2018년

60% 2050년

친환경·고부가 품목 비중

16.5% 2018년

84.1% 2050년

제조업 탄소집약도

단위: 10억원 당 t(톤)
CO₂eq(이산화탄소 환산량)

496 2018년

68 2050년

수출 순위

6위 2018년

4위 내 2050년

자료: 산업통상자원부

산해 이 합을 제로로 만든다는 의미에서 '탄소중립'으로도 풀이된다.

문제는 이런 사회를 만드는 게 쉽지 않다는 것이다. 2021년 10월, 우리나라를 비롯해 주요 선진국이 포함된 주요 20개국(G20) 정상들은 이탈리아에서 만나 지구의 평균 기온 상승 폭을 1.5도 이내로 억제한다는 데 합의했다. 기후 변화에 긴밀하게 대응해 재앙을 막겠다는 취지다. 하지만 '탄소중립' 시점을 확정하는 것에는 실패했다.

2050년을 탄소중립 실현 시기로 합의할 것이란 전망이 많았지만, 20개국 정상들은 사실상 어려울 것으로 판단했다. 미국과 유럽 등 서구 선진국은 일찍부터 탄소중립을 위한 준비를 해온 반면 중국·러시아·인도 등 세계 최대 탄소 배출국으로 꼽히는 나라들의 준비 부족이 걸림돌이 됐다. 중국과 러시아는 탄소중립 시기를 2060년으로 제시했고 인도는 구체적 시점을 제시하지 않았다. 이에 G20 정상들은 공동성명에 탄소중립 시기를 '금세기 중반까지' 실행하기로 했다.

〉〉〉 文대통령 "2050년까지 탄소제로", 현실은…

우리나라는 탄소중립을 위해 충분한 준비를 하고 있을까. 결론부터 말하면 그렇지 않다는 쪽에 가깝다. 앞서 우리 정부는 탄소중립위원회의 시나리오를 발표하고 2030년까지 국가 온실가스를 40%(2018년 대비)까지 줄이는 계획을 세웠다. 2050년에는 탄소 배출량을 제로(0)로 만들겠다는 목표를 확정했다.

2021년 제26차 유엔기후변화협약 당사국총회(COP26)에 참석하기 위해 영국을 방문한 문재인 대통령은 이런 계획을 토대로 "한국은 2030년까지 국가

온실가스 감축 목표를 2018년 대비 40%로 상향하겠다"라고 밝혔다.

11월 1일(현지시간) 문 대통령은 글래스고 스코틀랜드 이벤트 캠퍼스에서 열린 유엔 COP26 정상 회의에서 기조연설을 통해 "종전 목표보다 14%가량 상향한 과감한 목표로, 짧은 기간 가파르게 온실가스를 감축해야 하는 매우 도전적 과제"라고 말했다. 또 "2050년까지 모든 석탄 발전을 폐지하고, 해외에 진출한 한국 기업의 탄소 배출도 줄여나가겠다"고 약속했다.

하지만 많은 전문가는 이 약속을 지키는 일이 어려울 것으로 보고 있다. 한국경제학회는 2021년 12월 발표한 탄소중립 설문조사 결과를 통해 "국내 기업이 30년 안에 이산화탄소 실질 배출량을 '제로(0)'로 만들려면 막대한 비용이 든다"고 밝혔다. 정부가 저탄소 전환을 지원하는 정책이 필요하다고도 했다.

경제학회 경제토론패널 소속 학자 34명이 참여한 이 조사에서 '2050 탄소중립에 대해 가장 우려되는 바는 무엇인가'라는 질문에 35%가 '탄소감축 기술의 비현실성 및 비경제성'을 지적했다. '산업체의 비용인상으로 인한 경쟁력 저하'와 '하향식 목표 설정과 국민과의 합의 과정 미비'라는 응답은 각각 21%에 달했다. '재생에너지 대폭 확대로 인한 전기요금 증가 등 사회적 비용 증가'를 우려한 응답도 15%로 집계됐다.

전문가들은 전 지구적 기후변화의 부작용(자연재해 등)을 해결하고 통상압력을 벗어나기 위해 탄소 감축에 동의하면서도 여러 우려 점이 있다고 지적한 것이다.

탈석탄 발전과 탈원전을 동시에 진행하는 정책에 대한 비판도 이어졌다. 현혜정 경희대 국제학과 교수는 "탄소중립 목표를 달성하기 위해서는 재생에너지의 안정적 수급 문제를 해결해야 하기 때문에 급격한 탈원전 정책을 폐기하고 원전 비중을 일정 수준 유지해야 한다"고 말했다. 허정 서강대 경제학부 교수도

"태양광과 풍력은 비효율적인 에너지원이기 때문에 최소화하고 오히려 원자력 발전에 대한 새로운 기술 개발을 해야 하다"고 의견을 밝혔다.

>>> 선진국보다 20년 늦은 탄소 감축, 우리기업 5중고

전국경제인연합회도 탄소중립 실현에 따른 우리 기업들의 '5중고'를 강조하며 탄소 감축 여건이 녹록지 않다고 주장했다.

2021년 12월 전경련은 국제비교를 통해 우리나라의 탄소 감축 여건을 분석한 결과 ▶제조업 중심의 산업구조 ▶짧은 감축 기간에 따른 부담 ▶추가 감축 여력 부족 ▶차세대 핵심 탄소 감축 기술 열위 ▶재생에너지·그린 수소 경쟁력 부족 등이 문제라고 지적했다.

우리나라 산업을 분석해보면 2019년 국내총생산(GDP) 기준으로 제조업은 28.4% 수준이었다. 철강·화학·정유·시멘트 등 탄소 다(多)배출 업종의 비중도 8.4%에 달했다. 이는 미국, 유럽 등 주요 5개국(G5) 평균 제조업 비중(14.4%) 과 탄소 다배출 업종 비중(4.2%)의 2배에 달하는 수치다.

단기간에 획기적으로 탄소를 줄이는 기술을 개발하기 어렵다는 점을 고려할 때 제조업 분야에서 탄소 배출 목표를 달성하려면 생산량을 줄이거나 해외로 사업장을 이전할 수밖에 없다고 전경련은 지적했다.

전경련은 또 우리나라의 탄소배출 감축 준비 기간이 선진국에 비해 짧다는 점도 강조했다. 우리나라 산업부문의 탄소 배출량 정점 연도는 2014년으로, 2050년까지 감축 기간이 36년에 불과하다는 것이다. 반면 독일의 탄소 배출량 정점 연도는 1990년, 영국·프랑스는 1991년, 미국·일본은 1996년으로 2050

년까지 감축 기간이 많게는 60년에 달했다. 탄소 감축을 위해 일찍부터 투자한 나라와 비교할 때 우리 기업들의 어려움이 클 수밖에 없다는 것이다.

유환익 전경련 기업정책실장은 "획기적인 탄소 감축 기술 확보를 위해 정책 지원을 강화하고 무탄소 에너지원인 원전 활용을 확대해야 한다"고 말했다.

>>> EU는 탄소국경세, 글로벌 투자사는 투자 축소 압박

주요 선진국은 탄소 배출 감축을 위해 압박을 강화하고 있다. 유럽연합(EU)은 탄소국경조정메커니즘(탄소국경세·CBAM) 도입을 본격화하고 있다.

CBAM은 EU로 제품을 수출할 때 생산 과정에서 배출한 탄소량에 따라 추가로 배출권을 구매하도록 하는 제도다. 철강, 전력, 비료, 알루미늄, 시멘트를 생산하는 기업은 2023~2025년까지는 탄소 배출량을 보고해야 한다. 또 2025년 이후부터는 EU 탄소배출권거래제도(EU-ETS)와 연동해 탄소 배출권을 사야 한다.

유럽개혁그룹은 "지구 온난화 상황이 매우 엄중하다는 과학적 분석이 제기되는 만큼 신속한 기후변화 대응이 불가피하다"며 "무료 배출권 할당량 역시 세계무역기구(WTO) 협정에 어긋나지 않도록 조기에 폐지돼야 한다"고 밝혔다.

글로벌 투자사들도 대형 투자은행에 탄소 배출 기업에 자금 조달을 중단하라고 압박하고 있다. 2020년 4월 파이낸셜타임스(FT)는 골드만삭스, HSBC, BNP파리바 등 27개 글로벌 투자은행들이 35개 투자사들로부터 친환경 대출을 확대하라는 서한을 받았다고 보도했다.

35개 투자사에는 유럽 1위 자산운용사 아문디, 세계 최대 채권 투자업체 중

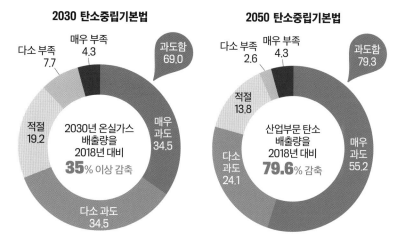

2030 국가온실가스 감축목표 (NDC)·탄소중립 정책 전문가 설문 조사   단위: %

2030 탄소중립기본법

다소 부족 7.7
매우 부족 4.3
과도함 69.0
적절 19.2
매우 과도 34.5
다소 과도 34.5

2030년 온실가스 배출량을 2018년 대비 **35**% 이상 감축

2050 탄소중립기본법

다소 부족 2.6
매우 부족 4.3
과도함 79.3
적절 13.8
다소 과도 24.1
매우 과도 55.2

산업부문 탄소 배출량을 2018년 대비 **79.6**% 감축

자료: 산업통상자원부

문재인 대통령이 2021년 11월 국제메탄서약 출범식에 참석, 국내 메탄 감축 방안을 밝히고 있다.

하나인 핌코, 영국 최대 자산운용사 리걸앤드제너럴투자매니지먼트(LGIM) 등이 포함됐다. 이들은 기후변화에 대한 기관투자가 그룹(Institutional Investors Group on Climate Change·IIGCC)을 통해 투자은행과 논의를 이어가며 탄소배출 기업으로 들어가는 투자를 줄이는 방안을 검토하는 것으로 알려졌다.

우리나라 금융사도 압박에 직면했다. 글로벌 자산운용사인 블랙록의 래리 핑크 회장은 2020년 "화석연료로 25% 이상 매출을 올리는 기업을 투자 대상에서 제외하라"는 내용의 서한을 KB금융에 보냈다.

신한금융의 계열사로 60조원 이상의 자금을 운용하며 2020년 9월 '기후 관련 재무공시 협의체(TCFD)' 지지 선언에 동참한 신한자산운용은 투자 기업 242곳에 서신을 보내 구체적인 탄소 배출량 현황과 배출량 감축 목표, 저탄소·친환경 사업 현황 등 정보를 요청했다.

>>> 정부, 2025년까지 민·관 90조 이상 투자

우리 정부와 기업은 탄소 감축을 위한 노력을 이어간다는 방침이다. 정부는 2021년 12월 '산업·에너지 탄소중립 대전환 비전과 전략'을 통해 2050년까지 재생에너지 비율을 70%까지 달성하겠다는 계획을 발표했다. 에너지 공급·전달·소비 등 전 과정을 청정에너지 중심으로 대전환한다는 것이다. 우선 2030년까지 신재생에너지 발전 비중을 30.2%까지 확대할 방침이다.

이를 위해 정부는 2025년까지 정부와 민간이 94조원 이상의 탄소중립 투자를 할 것이란 전망을 내놨다. 2025년까지 민간에서 11개 기업이 33조원, 정부가 62조원을 투자한다는 것이다.

탄소중립을 위한 기업의 연구개발(R&D)에도 투자를 확대할 계획이다. 정부는 2022년 산업 부문 탄소중립 연구개발(R&D) 예산을 2배 늘리고 대형 예비타당성조사를 추진해 탄소중립 중심 R&D 개편으로 투자를 이어갈 방침이다. 2030년까지 산업 부문 R&D의 30% 이상을 탄소중립 R&D로 확대한다. 세제·금융 지원을 통해 탄소 저감 효과와 실수요가 높은 기술을 신성장·원천기술로 지정하는 지원 계획도 함께 발표했다. 신성장·원천기술로 지정되면 R&D 비용은 대·중견기업은 20~30%, 중소기업은 30~40%의 공제를 받게 된다.

35조원 규모의 저탄소전환 촉진 지원금융(한국수출입은행)과 1조원에 달하는 기후대응보증(신용보증기금·기술보증기금) 신설 등 정책금융도 강화한다는 계획이다. 이 밖에 '에너지공급자 효율 향상 의무화 제도(EERS)' 도입과 수요관리 신서비스 시장 창출에 대한 지원도 확대한다.

탄소중립과 관련한 신산업도 집중적으로 육성할 계획이다. 수소경제 인프라, 친환경 모빌리티, 재생에너지 인프라 등 친환경 인프라 투자를 확대하고 신기술을 확보해 초기 시장 창출에 나선다. 차세대 이차전지, 차세대 반도체, 바이오 소재 등 저탄소 소부장 산업도 지원한다.

전통산업에 대해서는 사업구조개편 종합지원센터, 노동전환 분석센터를 열어 지원한다. 정유·가스·석탄산업의 친환경전환을 돕고, 원전·석탄발전 감축에 따라 관련 업계 등을 지원하기 위한 '에너지전환지원법'도 추진할 방침이다.

문승욱 산업부 장관은 "우리 스스로 고탄소 유리 천장에 갇혀 있기보다 넓고 높은 저탄소 미래를 향한 도전이 필요한 시점"이라며 "탄소중립은 분명 도전적 과제이지만 우리는 저탄소 전환의 초석을 착실히 마련해 왔고 충분한 역량이 있다"고 말했다. **E**

한국 경제 향방

> > >

2022년에는 한국 경제의 견인차인 반도체와 전기차 배터리 산업에서도 각축전이 치열해질 전망이다. 반도체는 코로나19 사태와 인공지능·메타버스·자율주행 기술 발달로 수요가 급증하고 있다. 하지만 반도체 공급망을 차지하려는 세계 패권전쟁으로 앞날이 순탄치만 않다. 중국의 배터리 공세도 극렬하다. 중국은 원가 경쟁력을 앞세워 세계적 완성차업체들과 손잡아가고 있다. 한국의 헬스케어 산업도 코로나19 사태를 발판 삼아 도약하고 있다. 다만, 강화되고 있는 탄소중립 연대가 한국 경제에 어떤 영향을 미칠 지 관심이 집중된다.

기술개발·시장쟁탈 가속화
중국 배터리 위상 유지할까?

YES 70%

이창훈 기자

 LG에너지솔루션, SK온, 삼성SDI 등 국내 전기자동차 배터리 3사가 시장 점유율 확대에 박차를 가하고 있지만, 2022년에도 원가 경쟁력을 앞세운 중국 배터리업체들의 위상은 유지될 것으로 보인다. 중국 배터리업체들이 삼원계 배터리보다 상대적으로 저렴한 LFP(리튬·인산·철) 배터리를 활용, 시장 점유율 확대를 이어갈 것이란 전망이다. 국내 배터리업체들은 NCM(니켈·고발트·망간)이나 NCA(니켈·코발트·알루미늄) 등의 삼원계 배터리를 주력 생산해왔다. 다만 2022년에도 리튬 가격 상승세가 지속될 것으로 예상되면서, 중국 배터리업체들의 LFP 배터리 가격 인상이 불가피할 것이란 지적도 있다. 2022년 LFP 배터리의 원가 경쟁력이 다소 약화될 것이란 진단이다.
 완성차업계와 배터리업계 등에 따르면 2022년에도 LFP 배터리 확대 추세

현대자동차 아이오닉 5.

는 이어질 것으로 보인다. 이미 글로벌 완성차업체들은 LFP 배터리 도입을 선언한 상태다. 글로벌 전기차 시장 점유율 1위인 테슬라는 투자설명회에서 모든 차종의 기본형 모델에 LFP 배터리 탑재한다고 선언했다. 메르세데스-벤츠(이하 벤츠)도 "2024년부터 소형·준중형 전기차 배터리를 LFP 배터리로 교체한다"는 입장을 밝혔다. 도요타 역시 2022년 공개 예정인 소형 전기차에 LFP 배터리를 사용할 것으로 알려졌다. 소형 전기차 등 저가 차량 위주로 LFP 배터리 판매가 증가하고 있는 것이다.

　글로벌 완성차업체들이 LFP 배터리를 도입하거나 도입을 검토하는 이유는 원가 경쟁력 때문으로 풀이된다. 배터리업계 등에선 통상 LFP 배터리가 삼원계 배터리보다 약 20% 저렴한 것으로 추정하고 있다. 삼원계 배터리와 LFP 배터리는 모두 리튬이온 배터리에 속한다. 리튬이온 배터리는 양극재, 음극재, 분리막, 전해질 등으로 구성되는데, 이 중에 양극재는 배터리 용량과 평균 전압을 결정하는 소재다. 문제는 삼원계 배터리의 양극재 원료 중 하나인 코발트 가격에 대한 부담이 크다는 점이다.

>>> LFP 배터리 약진에 국내 배터리 '주춤'

코발트는 구리 등을 채굴할 때 부산물로 얻을 수 있는 물질이라, 전체 채굴량 자체가 넉넉하지 않아 희귀 금속으로 분류된다. 그만큼 공급 불안전성이 크다는 것이다. 또한 글로벌 코발트 사용량의 60% 이상이 아프리카 콩고민주공화국에서 생산돼 현지 정세에 따라 코발트 수급에 차질이 발생할 수 있는 구조다. 이 같은 수급 구조 탓에 가격 변동이 크다. 실제 한국광해광업공단에 따르면 2021년 1월 4일 코발트 가격은 t(톤)당 3만3000달러였으나, 같은 해 12월 10일엔 t당 6만9525달러까지 올랐다. 1년 새 가격이 2배 이상 상승한 것이다.

여기에 중국 배터리업체들이 기술 보완 등을 통해 그간 LFP 배터리 약점으로 꼽혔던 짧은 주행거리를 일부 개선한 것도 LFP 배터리 확대에 힘을 실어주고 있다. 현재 기술력으론 주행거리 측면에서 LFP 배터리가 삼원계 배터리에 밀리고 있긴 하지만, 반드시 삼원계 배터리를 탑재할 정도로 뚜렷한 차이는 아니라는 지적이다. 배터리업계 등에선 LFP 배터리 주행거리는 400㎞ 안팎, 삼원계 배터리 주행거리는 500㎞ 안팎 수준으로 평가하고 있다.

삼원계 배터리를 탑재한 전기차가 화재 이슈 등에 휘말린 것도 LFP 배터리 도입을 부추기고 있다. 제너럴모터스(GM) 등 일부 글로벌 완성차업체들이 삼원계 배터리가 탑재된 전기차에서 발생한 화재로 대규모 리콜을 실시하자, 상대적으로 화재 가능성이 적은 LFP 배터리로 눈을 돌리고 있다는 진단이다. LFP 배터리가 장착된 전기차에서도 화재가 발생한 사례가 있으나, 삼원계 배터리의 화재 빈도 등과 비교하면 더 안전하다고 인식된다. 통상 LFP 배터리는 삼원계 배터리보다 방전 시 리튬이온이 빠져나가는 결정 구조의 열화 현상이 적어 화재 위험성이 더 낮은 배터리로 평가 받는다.

가격 경쟁력, 주행거리 보완, 삼원계 배터리 화재 이슈 등으로 2022년에도 LFP 배터리 판매량 증가는 지속될 것으로 보인다. 이미 LFP 배터리가 주력인 중국 배터리업체들이 2021년 배터리 시장 점유율을 빠르게 확대하고 있다. 시장조사업체 SNE리서치에 따르면 2021년 1월부터 10월까지 승용 전기차용 배터리 사용량에서 중국 배터리 제조업체(CATL)은 시장 점유율 28.2%로 1위를 차지했다. 2020년 같은 기간 시장 점유율(18.4%)과 비교하면 점유율을 약 10% 끌어올린 것이다. 또 다른 중국 배터리업체인 BYD도 같은 조사에서 시장 점유율 8.5%를 달성, 2020년 6위(시장 점유율 5.5%)에서 4위에 올라섰다.

반면 2020년 1월부터 10일까지 승용 전기차용 배터리 사용량에서 시장 점유율 1위였던 LG에너지솔루션은 2021년 같은 기간에는 CATL에 밀려 2위를 기록했다. SK온의 2021년 10월 누적 시장 점유율은 5.7%로 2020년 같은 기간과 동일했으며, 같은 기간 삼성SDI의 시장 점유율은 2020년 6.7%에서 2021년 5.0%로 줄었다. 국내 배터리업체들이 전기차 시장 팽창에 힘입어 최대 세 자릿수 성장률을 보였지만, 중국 배터리업체들의 성장률이 더 높았다. SNE리서치는 "2021년 들어 거세지고 있는 중국 배터리업체들의 압박이 당분간 이어질 것으로 관측된다"며 "국내 배터리업체들의 행보에 적지 않은 난관이 예상된다"고 진단했다.

연간 누적 글로벌 승용 전기자동차용 배터리 사용량 및 점유율

단위: GWh

순위	제조사명	2020년 1~10월	2021년 1~10월	성장률	2020 점유율	2021 점유율
1	CATL	16.3	56.2	244.50%	18.40%	28.20%
2	LG에너지솔루션	22.8	45.7	100.10%	25.80%	23.00%
3	파나소닉	20.5	28.5	38.90%	23.10%	14.30%
4	BYD	4.9	17	245.90%	5.50%	8.50%
5	SK온	5	11.3	124.70%	5.70%	5.70%
6	삼성SDI	6	9.9	65.50%	6.70%	5.00%
7	CALB	2.1	6	177.70%	2.40%	3.00%
8	Guoxuan	1.2	3.7	209.70%	1.40%	1.90%
9	AESC	2.9	3.2	8.30%	3.30%	1.60%
10	PEVE	1.7	2.1	27.00%	1.90%	1.10%
	기타	5.1	15.3	200.10%	5.80%	7.70%
	합계	88.6	198.8	124.40%	100%	100%

※판매량이 집계되지 않은 일부 국가가 있으며, 2020년 자료는 집계되지 않은 국가 자료를 제외함.

※순위는 2021년 점유율 기준

자료: SNE리서치

삼성SDI 전기자동차 배터리.

물론 2022년에 LFP 배터리 확대가 다소 주춤할 수 있다는 반론도 있다. LFP 배터리 양극재 원료 중 하나인 리튬 가격 상승으로 LFP 배터리 가격 인상이 불가피할 것이란 논리다. 배터리업계 등에선 "중국 배터리업체들이 리튬 가격 상승 등을 이유로 LFP 배터리 가격을 15~20% 정도 올릴 것"이란 전망이 나온다. 한국광해광업공단에 따르면 LFP 배터리 양극재에 주로 쓰이는 탄산리튬 가격은 2021년 1월 4일 kg당 48.5위안에서 12월 10일 202.5위안으로 급증했다.

>>> 전고체 등 판 뒤흔들 차세대 배터리 '아직'

탄산리튬 가격 상승 등의 악재에도 불구하고 2022년에도 LFP 배터리 확대 추세는 이어질 것이라는 게 중론이다. 2021년과 마찬가지로 2022년의 배터리 시장도 삼원계 배터리와 LFP 배터리가 양분할 것이란 전망에는 이견이 없어 보인다. 국내 주요 배터리업체들이 LFP 배터리 개발과 관련해 상이한 전략을 구사하고 있는 이유다.

배터리업계 등에 따르면 SK온은 현재 파우치형 LFP 배터리를 개발하고 있다. LG에너지솔루션은 에너지저장장치(ESS) 시장에 우선 적용할 목적으로 LFP 배터리를 개발 중이다. LG에너지솔루션 측은 LFP 배터리가 무겁고 에너지 밀도가 낮다는 한계 등을 고려해 전기차 배터리와 비교해 공간이나 무게 제약이 거의 없는 ESS 시장 한정으로 LFP 배터리를 개발하는 전략이다. SK온과 비교하면 전기차용 LFP 배터리 개발에 다소 신중하게 접근하고 있는 것이다.

반면 삼성SDI는 LFP 배터리를 개발하지 않는다는 입장이다. 대신 삼원계 배터리의 원가 부담을 가중시키는 코발트를 제외한 이른바 '코발트 프리 배터리'를 개발한다는 계획이다. 이를 통해 LFP 배터리와 경쟁할 수 있는 원가 구조를 구축한다는 것이다. 삼성SDI 측은 향후 LFP 배터리 시장 점유율 확대가 제한적일 것으로 판단하고 있다. SNE리서치에 따르면 버스·트럭 등을 제외한 승용 전기차용 배터리 사용량에서 LFP 배터리의 2021년 상반기 시장 점유율은 11% 수준이다.

국내외 주요 배터리업체들이 이른바 '꿈의 배터리'로 불리는 전고체 배터리 개발에 나서고 있으나, 상용화까진 어느 정도의 시간이 소요될 것이라는 게 중론이다. 2022년에도 삼원계 배터리와 LFP 배터리를 대체할 차세대 배터리의 상용화는 어려울 것이란 전망이 많다. 이에 따라 당분간 배터리업체들은 삼원계 배터리와 LFP 배터리의 성능을 향상시키는 전략을 유지할 것으로 보인다.

전고체 배터리는 리튬이온 배터리에 적용되는 액체 전해질을 고체 전해질로 대체한 배터리로, 화재에 민감한 액체 전해질 대신 고체 전해질을 통해 화재 위험을 현저히 줄일 수 있다는 강점이 있다. 폭발이나 화재 위험 등이 줄어드는 만큼, 안전성 관련 부품 대신 배터리 용량을 늘리는 활물질을 채울 수 있다. 이를 통해 전기차 배터리 경쟁력의 핵심인 용량과 안전성 모두를 만족시킬 수 있다는 것이다. 전고체 배터리가 꿈의 배터리로 불리는 이유다.

이에 국내 배터리업체들도 전고체 배터리 상용화에 심혈을 기울이고 있다. LG에너지솔루션은 2021년 9월 말에 미국 샌디에이고 대학교(UCSD)와 공동 연구로 기존 60도 이상에서만 충전이 가능했던 기술적 한계를 보완해 상온에서도 빠르게 충전이 가능한 장수명 전고체 배터리 기술을 개발했다고 밝혔다. 실리콘을 적용한 전고체 배터리 가운데 상온에서 충방전 수명이 500회 이상인 건

서울 강남구 삼성동 코엑스의
전기자동차 충전소.

이 기술이 처음이다.

SK온 모회사인 SK이노베이션은 2021년 10월 말에 미국 전고체 배터리 기술 기업인 솔리드파워에 약 350억원을 투자해, 양사 공동으로 차세대 전고체 배터리를 개발·생산하기로 했다. 삼성SDI 역시 2020년에만 연구개발에 8000억원 이상을 투입하는 등 전고체 배터리 개발에 공을 들이고 있다.

문제는 전고체 배터리 상용화 시점이 2027년으로 예상되고 있다는 점이다. 배터리업계 일부에선 이 상용화 시점도 장담하기 어렵다는 회의론도 제기된다. 차세대 배터리 분야에서 3대 스타트업 중 한 곳으로 꼽히는 미국 솔리드에너지시스템(SES)의 치차오 후 최고경영자(CEO)는 중앙일보와의 인터뷰에서 "많은 업체가 1980년대부터 전고체 배터리 개발에 뛰어들었지만, 그때도 '8년 후'

최근 1년간 코발트 가격 추이

단위: 달러/톤

- 73080
- 60900
- 48720
- 36540
- 24360

1월 4일 3월 4일 5월 7일 7월 8일 9월 8일 11월 8일

자료: 한국광해광업공단

지난 5월 미국 애틀랜타 SK이노베이션 전기자동차 배터리 공장 방문한
문재인 대통령(왼쪽), 최태원 SK그룹 회장(가운데).

지금도 '8년 후'를 말하고 있다"며 "배터리 개발에서 양산까지 10년을 주기라고 할 때 늘 '2단계'에 머물러 있었다는 뜻"이라고 지적한 바 있다.

SES는 2021년 11월 4일에 온라인으로 배터리 월드를 열고 107암페어시 이상의 용량을 갖춘 리튬메탈 배터리인 '아폴로'를 선보였는데, 2025년 상용화를 목표로 에너지 밀도가 리터당 935와트시의 배터리를 개발하고 있다고 밝혔다. 후 CEO는 "전고체 배터리가 먼 미래의 배터리라면 SES의 배터리는 지금 기술"이라며 현재로선 자사 기술이 차세대 배터리라고 주장하기도 했다.

리튬메탈 배터리는 기존 리튬이온 배터리 음극을 금속인 리튬으로 대체한 배터리를 말한다. 흑연이나 실리콘 등을 활용한 리튬이온 배터리보다 안전성과 성능 등이 뛰어나다는 평가도 있다. 음극과 전해질 모두를 고체로 대체한 것이 전고체 배터리라면, SES의 리튬메탈 배터리에는 겔(Gel)타입의 '솔벤트 인 솔트(염중염매)' 전해질이 적용된다. SES의 리튬메탈 배터리가 기존 리튬이온 배터리보다 진일보한 기술이란 평가엔 이견이 없어 보인다.

현재 국내 주요 완성차·배터리업체들도 SES에 투자한 상태다. SK그룹 지주사인 SK는 2018년과 2021년 5월 등 두 차례 걸쳐 SES 투자해 3대 주주 지위를 확보했으며, 현대자동차·기아도 1000억원 이상을 이 회사에 투자한 것으로 전해진다. 이 외에도 LG테크놀로지벤처스 등도 SES에 투자한 것으로 알려졌다. **E**

세계는 반도체 전쟁 중 한국은 패권 유지할까?

YES 70%

김영은 기자

2021년은 반도체 슈퍼사이클에 대한 기대감과 '반도체 겨울'이 도래할 수 있다는 비관론이 뒤섞인 해였다. 그럼에도 여전히 반도체는 수출 '대들보' 역할을 했다. 2021년 11월까지 반도체 누적 수출액은 1153억 달러로 집계됐다. 1년 새 28.5% 늘었고, 역대 최대 수출액인 2018년(1267억 달러)에 근접했다. 반도체 산업을 둘러싼 관심과 경쟁은 그 어느 때보다 뜨겁다. 반도체 공급망을 차지하기 위한 국가별 패권전쟁이 본격화했고 기업들은 앞다퉈 투자 경쟁을 벌이고 있다. 한국은 2022년에도 '반도체 강국' 타이틀을 이어갈 수 있을까.

2022년 세계 경제가 회복 흐름을 이어갈 가능성이 높다는 전망이 나왔다. 한국은행은 2022년 세계 경제가 신종 코로나바이러스 감염증(코로나19) 충격에서 점차 벗어나 경제활동을 정상할 수 있다는 보고서를 내놨다. 경제가 회복

하면 반도체·석유화학·철강 등 제조업이 가장 민감하게 반응한다. 수요와 공급
에 따라 사이클이 결정되기 때문이다.

>>> **인공지능·메타버스·자율주행 뜨면 반도체도 뜬다**

인공지능(AI)·자율주행·메타버스 등 다양한 기술 서비스가 성장궤도에 오르
면 반도체 수요처 역시 확대된다. 수요산업에 대한 전망이 좋자, 반도체는 2022
년 역대 최고 실적을 달성할 것이란 전망이 우세하다. 산업 전반으로 번진 반도
체 수급 불균형이 2023년까지 지속할 것이라는 분석도 나왔다. 수요는 많아지

한국 경제 향방 세계는 반도체 전쟁 중, 한국은 패권 유지할까?

는데 생산기업들의 공급이 이를 따라가지 못해서다. 삼성전자, TSMC(대만 반도체 제조사) 등 반도체 파운드리(위탁생산)업체가 앞다퉈 생산시설을 늘리고 있지만, 수요처가 다변화 되고 반도체 주 원료인 웨이퍼 품귀가 이어지면서 반도체 품귀 현상은 2~3년 간 지속될 전망이다. 반도체 시장이 지속 성장하고 반도체 품귀현상이 이어지면 '반도체 제조'의 키를 쥐고 있는 삼성전자와 SK하이닉스 등 공급기업이 시장을 주도하게 된다.

2021년에도 삼성전자와 SK하이닉스는 호실적 행진을 이어갔다. 삼성전자는 글로벌 반도체 시장에서 '왕좌'를 탈환했다. 시장조사업체인 카운터포인트리서치는 삼성전자가 3분기 글로벌 반도체 시장에서 매출 기준 점유율 1위를 기록했다고 밝혔다. 삼성전자의 점유율은 16%로 인텔(13%)을 3%포인트 앞질렀다.

>>> '파운드리 확대'로 시스템반도체 속도

메모리반도체로 1위를 탈환한 삼성전자는 2022년 시스템반도체 1위를 향해 속도를 낸다. 삼성전자는 미국의 신규 파운드리 공장 투자를 확정하면서 한국(경기 용인·화성·평택)과 미국(텍사스주 오스틴·테일러)을 잇는 시스템 반도체 벨트를 구축했다. 20조원에 달하는 신규 파운드리 투자로 글로벌 공급망 구축을 '경제안보'로 내세우고 있는 조 바이든 미국 정부 체제에서 삼성전자의 미국 내 입지는 더욱 강화될 것으로 보인다.

신규 파운드리 공장은 내년 착공에 들어가 2024년 양산이 가능해질 전망이다. 삼성전자는 파운드리 생산능력을 키워 시장 1위인 TSMC 추격에 본격적으로 나선다. 시장조사기관 카운터포인트리서치에 따르면 삼성전자의 2021년 2분기 기준 파운드리 시장 점유율은 14%로 2위지만 1위 TSMC(58%)와는 큰 격차를 보이고 있다. 양사의 파운드리가 모두 2024년 완공을 목표로 하고 있어 경쟁은 더욱 치열해질 전망이다. TSMC 역시 120억 달러(약 14조원)를 투자해 미국 애리조나주에 신규 파운드리 공장을 건설하고 있다.

특히 미국 빅테크 기업과 팹리스(반도체 설계 전문 기업) 등 고객사 확보 여부가 관건이다. 최근 애플, 구글 등 빅테크 기업들과 GM, 포드 등 완성차 기업들이 반도체를 직접 설계하면서 이들의 생산을 맡을 파운드리의 중요성이 더욱 커지고 있다. 미국은 엔비디아, 퀄컴 등 반도체 설계 분야 최강자들이 군림하고 있어 팹리스사들의 수주 역시 파운드리로 몰릴 예정이다.

삼성전자와 TSMC 모두 미국 신규 공장에 5㎚(나노미터·1㎚=10억분의 1m) 미만 최첨단 파운드리 라인을 도입할 것으로 전망된다. 삼성전자는 내년 상반기에 차세대 GAA(Gate-All-Around) 기반의 3㎚ 반도체 양산에 들어간다. 생산능력 확대와 초미세공정 기술력 우위를 선점해 TSMC를 따라잡는다는 전략이다.

SK하이닉스 역시 2021년 '폭풍 성장' 했다. 카운터포인트리서치에 따르면 SK하이닉스의 2021년 3분기 점유율은 7%로 전 분기(6.2%) 대비 소폭 상승했다. 하지만 전년 3분기와 비교하면 매출이 48% 늘었다. SK하이닉스는 향후 시장도 낙관적으로 전망했다. 회사 측은 3분기 컨퍼런스콜에서 "메모리 수요가 꾸준히 증가할 것으로 전망하고, 앞으로도 시장 환경 변화에 유연하게 대응하면서 수익성 확보에 집중할 예정"이라고 밝혔다.

SK하이닉스 역시 메모리반도체 기술 경쟁력을 높이는 동시에 파운드리 역량을 강화하고 있다. SK하이닉스는 2021년 10월 17년 전 매각했던 8인치 파운

주요 반도체 기업 미국·일본 시설투자 현황

업체	투자지역	투자금액	투자내용
삼성전자	미국	170억 달러(약 20조원)	텍사스주 테일러시에 약 500만㎡ 규모의 신규 파운드리 공장 건설
TSMC	미국	120억 달러(약 14조원)	애리조나주에 신규 파운드리 공장 6개 건설
	일본	8000억 엔(약 8조원)	구마모토현에 신규 파운드리 공장 건설
인텔	미국	200억 달러(약 23조원)	애리조나주에 신규 파운드리 공장 2개 건설
	미국	35억 달러(약 4조원)	뉴멕시코주에 파운드리 공장 확장
마이크론	일본	8000억 엔(약 8조원)	히로시마현에 D램 신규 공장 건설
키옥시아	일본	미공개	미에현에 낸드플래시 신규 공장 건설

반도체·파운드리 시장 점유율

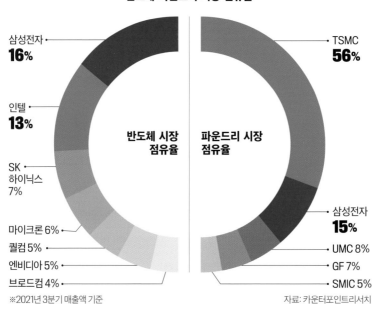

삼성전자 **16%**

인텔 **13%**

SK 하이닉스 7%

마이크론 6%

퀄컴 5%

엔비디아 5%

브로드컴 4%

반도체 시장 점유율

TSMC **56%**

파운드리 시장 점유율

삼성전자 **15%**

UMC 8%

GF 7%

SMIC 5%

※2021년 3분기 매출액 기준

자료: 카운터포인트리서치

드리(반도체 위탁생산) 기업 키파운드리를 다시 인수한다고 발표했다. 파운드리 생산 능력을 2배로 확대하기 위해서다. SK하이닉스가 파운드리 시장에서 '8인치'에 집중하는 이유는 차량용반도체 수급난으로 8인치의 위상이 달라졌기 때문이다. 8인치 파운드리는 반도체 주원료인 웨이퍼의 크기가 200mm라는 의미다. 그동안 8인치 웨이퍼는 낮은 생산성 때문에 외면 받아왔다.

하지만 경쟁력을 잃어가던 8인치 웨이퍼가 다시 주목 받고 있다. '다품종 소량생산'이 가능하기 때문이다. 최근 반도체 응용수요처가 다양해지면서 수요처의 요구에 따른 다품종 소량생산은 파운드리의 새로운 경쟁력으로 떠올랐다. 수요처마다 원하는 반도체 용량과 속도가 제각각이기 때문이다. 또 반도체 수급난의 중심에 있는 차량용 반도체 대부분이 8인치 웨이퍼 기반 칩이다. 파운드리 시장은 이미 TSMC와 삼성전자라는 절대강자들이 양분하고 있다. 이 두 기업에 비해 파운드리 역량이 부족했던 SK하이닉스는 시장 점유율 확보를 위해 '8인치 집중' 전략을 꺼낸 것이다.

두 기업의 캐시카우인 메모리반도체 가격 역시 회복세에 접어들고 있다. 2021년 10월 급격하게 하락했던 메모리반도체 D램 가격은 반등하고 있다. 업계에서는 이를 두고 메모리반도체 시장이 우려보다 빠르게 회복할 것이라고 전망한다. 혹독할 것이라 예상됐던 '메모리 겨울'이 길지 않을 것이란 얘기다. 특히 빅테크 기업들의 데이터센터 투자 영향으로 서버용 D램 수요는 계속 증가하고 있다. 가격은 하락해도 수요 시장이 견조해 삼성전자와 SK하이닉스 등 메모리 반도체 기업들의 수익성에는 타격이 없을 것이란 전망이 우세하다.

수요 시장 회복이 빨라지자, 증권가에서는 정보기술(IT) 공급망 차질이 완화되는 2022년 2분기 삼성전자와 SK하이닉스의 실적과 주가도 상승할 것이라고 전망한다. 비메모리와 메모리 반도체는 스마트폰·서버·PC 등과 일반적으로 실적, 주가가 같은 방향으로 움직이기 때문이다. 2021년 하반기에는 글로벌 공급망 차질 이슈 및 세트 교체 수요 단기 종료 등의 영향으로 PC 및 모바일 판매가 부진하고, 서버업체의 보유 재고는 일시적으로 증가했다. 하지만 2022년 2분기부터 빅테크 기업들의 데이터센터 투자가 늘면 내년 메모리반도체 수요 역시 더 늘어날 것으로 예상된다.

>>> '반도체 자립' 위한 국가별 패권 전쟁 본격화

하지만 안심하긴 이르다. '21세기 석유' 반도체를 둘러싼 국가별 패권전쟁이 본격화되고 있다. 미국은 반도체 산업을 국가 안보차원으로 인식하기 시작했고, 중국은 2015년부터 자체 기술 개발에 열을 올리고 있다.

미국 정부는 반도체 생산기업을 자국에 유치하기 위해 파격 지원을 하고 있다. 미래 산업의 필수 요소인 반도체 패권을 차지할 수 있을 뿐 아니라 공장 유치를 통해 일자리 창출, 지역경제 활성화까지 가능해서다. 미국 하원 승인을 앞둔 '반도체생산촉진법(CHIPs for America Act)'은 미국 내 반도체 시설투자액의 40%를 세액 공제로 돌려주는 내용을 담고 있다. 일본 역시 반도체 공급망 자립을 '경제안보'로 인식하며 적극적인 공세를 펼치고 있다.

미국은 중국의 반도체 산업 성장에도 제동을 걸고 있다. 반도체는 미·중 공급망 경쟁의 핵심이다. 중국은 칭화유니, SMIC, 화웨이 등을 통한 '반도체 굴기'를 꿈꾸고 있지만 미국 정부가 ASML, 램리서치, 어플라이드 머티리얼즈 등 글로벌 최상위권 반도체 장비기업이 중국에 수출하지 못하도록 제재를 가하고 있다. 미국 정부는 인텔의 중국 공장 증설을 막기도 했다. 인텔이 반도체 공급

이재용 삼성전자 부회장이 2020년 네덜란드 반도체 장비 회사 ASML을 방문해 반도체 장비를 살펴보고 있다.

사진 삼성전자

부족 심화에 따라 중국 청두 공장에서 반도체 재료인 실리콘 웨이퍼 생산을 늘리려 했으나 미국 정부가 제동을 걸었다. 백악관은 아예 반도체 기업의 해외투자 심사를 위한 제도적 장치 도입을 고려하고 있다고 밝혔다.

유럽연합(EU)도 반도체 내재화를 위해 나섰다. 최근 10nm 이하 초미세공정을 이용한 반도체 공장을 유럽 내에 구축하는 프로젝트를 추진하겠다고 발표했다. EU는 인텔, TSMC 등 반도체 파운드리 기업의 생산기지를 유치하기 위해 보조금 지원과 세제혜택을 내걸며 러브콜을 보내고 있다. 일본 정부 역시 반도체 기업을 지원하기 위해 약 6000억 엔(약 6조원)을 투입할 예정이다. 이 중 4000억 엔(약 4조원)은 TSMC의 구마모토현 신규 공장 건설에 지원하고 나머지 2000억 엔(약 2조원)은 마이크론과 키옥시아의 공장 증설을 지원할 예정

미국 정부가 삼성 파운드리 신규 공장 유치를 위해 내건 혜택

테일러시	30년간 최대 90% 재산세 감면
테일러시 독립교육구	약 3억 달러 세금 감면
테일러시 윌리엄슨카운티	10년간 재산세 90% 감면 및 이후 10년간 85% 감면
텍사스주	텍사스 산업 펀드(TEF)를 통해 2700만 달러 지급

인공지능(AI), 자율주행, 메타버스 등 다양한 기술 서비스가 성장궤도에 오르면
반도체 수요처 역시 확대된다. 수요산업에 대한 전망이 좋자,
반도체는 2022년 역대 최고 실적을 달성할 것이란 전망이 우세하다.

존 코닌 상원의원, 그랙 애벗 텍사스 주지사, 김기남 삼성전자 부회장(앞줄 오른쪽)이
삼성전자 미국 제2파운드리 공장 관련 기자회견을 하고 있다.

이다.

반도체 시설투자가 '국가전'으로 번지면서 한국의 입장이 애매해졌다. 대외경제정책연구원은 중국에 공장을 두고 있는 삼성전자와 SK하이닉스의 중국 추가 투자가 어려워질 수 있다고 전망했다.

한국은 미국과 일본이 없으면 반도체 공급망이 무너지고, 중국을 포기하면 가장 큰 시장을 잃게 된다. 대외경제정책연구원에 따르면 2020년 국내에 수입된 반도체 장비 중 일본산 비중이 39.3%로 1위를 차지했으며 미국산이 21.9%로 2위를 기록했다. 2020년 국내 반도체 소재 수입 국가는 일본(38.5%)이 1위를 차지했으며 이어 중국(20.5%), 미국(11.3%) 순이었다. 연구원의 분석에 따르면 반도체 소재인 '플루오린 폴리이미드'는 2020년 기준 수입량의 93.8%를 일본에 의존하고 있다.

한국 반도체를 가장 많이 사들인 국가는 중국이었다. 2020년 한국 반도체 수출액의 43.2%(약 412억 달러)는 중국이 차지했으며 홍콩은 18.3%(약 174억 달러)를 차지해 이들 중화권 국가가 한국의 반도체 수출에서 차지하는 비중만 61.5%에 달한다.

대외경제정책연구원은 이 같은 상황에서 중국을 벗어난 반도체 공급망 '리밸런싱'이 필요하다는 입장이다. 연구원은 "반도체 산업은 중국과의 연계성이 매우 높아 미국의 대중정책으로 인한 불확실성이 증가하고 있어 중장기적으로 반도체 생산공정의 대중국 의존도를 분산시킬 필요가 있다"며 "핵심기술의 보안 및 보호 조치를 강화할 필요가 있으며 공급망에 있어서 취약 분야는 미국·일본·유럽 등 원천기술을 가지고 있는 국가들과 연대를 강화하여 안정화를 도모해야 한다"고 밝혔다. **E**

제약·바이오 성장 동력은 3세대 바이오의약품?

YES 60%

최윤신 기자

지난 2년간 제약·바이오를 비롯한 헬스케어 산업은 신종 코로나바이러스 감염증(코로나19)으로 점철된 시기였다. 코로나19 백신과 치료제는 제약·바이오 업계에 기회가 되기도 했지만 산업의 주목도와 글로벌 자금을 '블랙홀'처럼 빨아들여 본래의 사업을 어렵게 만들기도 했다고 평가받는다.

>>> 코로나19에 크게 자란 제약·바이오, 성장세 이어간다

2022년은 글로벌 제약·바이오 기업들이 '포스트 코로나' 시대의 미래 투자에 집중하고 그 결실도 일부 피어나는 시기가 될 것으로 보인다. 특히 차세대

2021년 10월 11일 서울 강남구
코엑스에서 열린 '세계 제약산업
전시회'(CPhi korea2021) 모습.

바이오의약품을 통칭하는 '3세대 바이오의약품'에 대한 기대감이 커지는 추세다. 다만 국내 기업에 한정했을 때 전문가들은 당장 2022년 3세대 바이오의약품에서의 가시적인 성과보다는 기존 합성·바이오의약품 신약개발 등에서 주목할 만한 성과가 나올 것으로 기대하고 있다.

코로나19 국면은 글로벌 제약·바이오 기업들에게 기회가 됐다. 화이자 등 코로나19 백신 개발기업들은 엄청난 이익을 손에 쥐었다. 국내 바이오기업들도 코로나19 백신과 치료제 등을 통해 글로벌 시장에서 주목받는 계기가 됐다. '바이오 시밀러' 기업인 셀트리온은 코로나19 단일클론 항체치료제인 렉키로나를 개발해 유럽연합 집행위원회(EC)의 승인을 받는 쾌거를 이뤘다. 삼성바이오로직스와 SK바이오사이언스는 모더나, 아스트라제네카의 백신을 위탁생산하며

2021년 10월 28일 오전 인천 연수구 삼성바이오로직스에서 국내 생산 모더나 백신이 출하되고 있다.

사진 공동취재단

글로벌 바이오의약품 공급망에서 주목받는 계기가 됐다. 수년전까지 '내수 시장' 위주였던 한국의 제약·바이오 산업을 전반적으로 봐도 한단계 더 글로벌화 됐다. 산업연구원에 따르면 2020년 바이오·헬스 분야의 수출액은 전년(138억 6000만 달러) 대비 12.1% 늘어난 155억4100만 달러로 추정된다.

성과는 수출액 증가 뿐만이 아니다. 전문가들은 코로나19 상황이 제약·바이오 산업의 중요성을 일깨웠다고 평가한다. 코로나19 상황에서 우리 정부는 제약·바이오 산업의 성장 동력화를 통해 글로벌 산업 패권 경쟁에서 위상을 정립했다. 또 범부처 제약·바이오 산업 정책 효율성을 제고하고, 기초연구에서 제품화까지 제약·바이오 산업 가치사슬 전반의 경쟁력 연계 강화도 이뤄졌으며 혁신자원을 공급할 수 있는 '기초·원천 단계 혁신적 연구·개발(R&D)'에 대한 투자도 확대다.

선진국의 고령화가 지속되는 상황에서 제약·바이오 산업은 성장할 수밖에 없는 산업이다. 글로벌 제약·바이오시장은 내년 더 성장할 것으로 전망된다. 글로벌 의약품 시장조사기관 이밸류에이트파마(Evaluate Pharma)는 2021년 전 세계 처방의약품 매출을 전년 대비 14.3% 늘어난 1조310억 달러로 추정했다. 코로나19 백신·치료제 등의 영향으로 예년보다 큰 폭으로 늘어난 수치다. 2022년엔 2021년의 기저효과로 성장폭은 다소 줄어들겠지만 4.3% 성장해 1조750억 달러까지 늘어날 것이란 게 이밸류에이트파마의 전망이다.

2022년 국내 제약·바이오 업종의 수출 성장은 글로벌 성장폭보다 클 것으로 기대를 모은다. 산업연구원은 '2022년 경제산업전망' 보고서에서 2022년 제약·바이오(바이오·헬스 분야)의 수출액을 전년 대비 6.4% 늘어난 165억3900만 달러로 예상했다.

>>> '3세대 바이오 의약품' 공략 나선 바이오업계

2022년 제약·바이오 업계에서 가장 주목받는 키워드는 세포·유전자 치료제(CGT)를 비롯한 3세대 바이오의약품이 될 것으로 보인다.

3세대 바이오의약품이란 현재의 화학합성의약품(케미칼 의약품)과 바이오의약품의 한계를 뛰어넘는 차세대 의약품을 통칭하는 단어로 쓰인다.

인슐린과 호르몬, 전통방식의 백신 등이 1세대 바이오의약품으로 여겨지고, 동물세포를 이용한 항체, 단백질 등의 의약품이 2세대 바이오의약품으로 현재 가장 빠르게 성장하는 의약품 시장을 차지하고 있다. 이 2세대 바이오의약품에서 한 발 더 나아간 게 3세대 바이오의약품이다. 세포·유전자치료제와 mRNA 백신, DNA·RNA치료제 등이 여기 해당한다.

3세대 치료제는 이미 일부 상용화되고 있다. 세포치료제 분야에선 '꿈의 항암제'라고 불리는 킴리아 등 다수의 신약이 나왔고, mRNA 방식으로 만들어진 화이자와 모더나의 백신은 코로나19 펜데믹 국면에서 우리 사회에 혁혁한 공헌을 하기도 했다.

국내 기업들 역시 3세대 바이오의약품에 최근 집중하기 시작했다. mRNA 방식의 백신 개발에 나선 바이오벤처만 10곳이 넘는다. 세포치료제 분야에선 2021년 증시에 입성한 바이젠셀과 녹십자랩셀, 셀이 합병해 출범한 GC셀 등이 투자자들의 이목을 집중시켰다. GC셀은 T세포 치료제인 '이뮨셀LC'를 이미 상용화 한 회사인데, 합병을 통해 NK(자연살해) 세포치료제 연구를 본격화, 대량생산이 가능한 세포치료제 연구에 나설 방침이다.

T세포를 이용한 치료제는 강력한 면역반응으로 인해 우수한 항암효과를 나타내지만 환자 개인별로 제조해야하는 자가(Autologous)세포치료제로 대량생산에 한계가 있다. 이에 비해 NK세포 치료제는 타인의 세포를 사용해 대량생산이 가능할 것으로 기대를 모으고 있다.

세포치료제와 함께 '유전자치료제'도 주목받는다. 잘못된 유전자를 정상 유전자로 바꾸거나 치료 효과가 있는 유전자를 재료로 하는 치료제를 뜻한다. CAR(키메릭항원수용체·면역 요법에 활용하기 위해 유전학적으로 조작된 세포수용체) T세포 치료제인 노바티스의 '킴리아'가 대표적이다. 2019년 성분오류가 드러나며 이른바 '인보사 사태'를 일으켰던 코오롱생명과학의 골관절염 치료제 인보사도 유전자 치료제에 속한다. 인보사는 당시 식약처로부터 허가 취소됐지만 미국 식품의약국(FDA)에 도전하며 부활에 도전하고 있다. FDA로부

전세계 처방의약품 매출액 규모

■ 총매출 ● 전년비 성장률

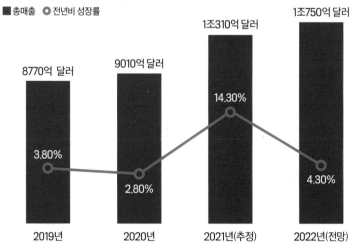

8770억 달러

9010억 달러

1조310억 달러

1조750억 달러

3.80%

2.80%

14.30%

4.30%

2019년

2020년

2021년(추정)

2022년(전망)

자료: 이벨류에이트파마(EvaluatePharma)

세포치료제 전문기업 바이젠셀 연구원이 연구하는 모습

한국의 바이오헬스 분야 수출 실적 및 전망

139억 달러
2020년

155억 달러
2021년

165억 달러
2022년(전망)

※의료기기 포함

자료: 산업연구원

SK팜테코가 인수한 프랑스 유전자·세포 치료제 CMO 이포스케시의 생산시설 모습.

사진 SK(주)

터 임상 재개 허가를 얻었고 2022년 무릎골관절염을 대상으로 미국 임상 3상을 전개할 계획이다.

세포치료제와 유전자치료제를 더해 업계에선 CGT(Cell·Gene Therapy)라고 부른다. CGT 시장은 글로벌 시장에서 가장 주목받는 의약품이다. 미국과 유럽 등에서 현재 임상 개발 중인 바이오 의약품 중 약 50%를 차지한다. 글로벌 컨설팅 업체인 딜로이트는 GCT가 2025년까지 연평균 25% 성장해 현재 가장 큰 바이오 의약품 시장인 항체 치료제 시장을 넘어설 것으로 전망한다.

세포·유전자치료제 분야에서 국내 대기업들의 움직임도 주목받는다. 삼성과 SK, CJ 등 국내 대기업은 3세대 바이오의약품의 위탁개발·생산(CDMO) 사업을 적극 추진 중이다. SK그룹의 CDMO 통합법인인 SK팜테코는 2021년 3월 프랑스의 유전자·세포치료제 CDMO 전문회사 이포스케시를 인수했다. 이어 같은해 11월에는 미국 필라델피아에 기반을 둔 유전자·세포 치료제(GCT) 생산 전문 바이오 의약품 위탁개발생산(CDMO) 업체인 'CBM'에 대규모 투자를 결정했다.

CJ헬스케어를 매각하며 제약·바이오 산업에서 손을 떼는 것 같았던 CJ그룹도 최근 세포·유전자 치료제 CDMO회사인 '바타비아 바이오사이언스'를 인수했다. CDMO 분야의 대표주자인 삼성바이오로직스는 아직 인수 등에 대한 움직임은 나타나지 않았지만 mRNA 백신과 세포·유전자치료제 분야에 진출한다는 계획은 수립한 상태다.

3세대 바이오의약품만이 포스트코로나 시대의 제약·바이오업계의 성장동력이라고 볼 순 없다. 특히 아직 제약·바이오 영역에서 글로벌 주요 플레이어가 아닌 국내 기업들에겐 케미칼과 항체바이오의약품 등에서도 충분한 성장 기회가 있다는 게 전문가들의 시각이다.

유한양행의 비소세포폐암 신약 '렉라자'

특히 2022년에는 코로나19라는 '블랙홀'에 집중됐던 상황에서 벗어나 국내 기업들이 주력하던 항암분야와 희귀질병 치료제, 중추신경계질환 치료제 등에서 연구개발(R&D) 성과를 확인할 수 있는 해가 될 것이란 기대가 나온다. 기술거래의 주체인 글로벌 대형 제약사들의 자금력이 커졌고, '위드 코로나'를 통해 임상개발도 정상화되고 있다는 판단에서다.

실제 2022년 제약·바이오 최대시장인 미국 시장 진출 기대를 모으는 의약품들이 속속 나타나고 있다. 유한양행이 개발한 비소세포폐암 치료제 렉라자(성분명 레이저티닙)는 가장 기대를 모으는 신약이다. 국내에선 이미 승인을 받은 이 약은 현재 단일요법과 병용요법으로 글로벌 임상 3상이 진행 중이다. 업계에선 2022년 하반기 경 FDA 긴급사용승인을 기대하고 있다. 한미약품이 미국 스펙트럼사에 기술수출한 폐암 신약 '포지오티닙'은 최근 FDA에 시판허가를 신청하며 2022년 초 승인이 기대된다.

바이오벤처들은 2022년 준비에 한창이다. 코로나19로 큰 돈을 쥔 글로벌 빅파마가 적극적으로 신약후보물질 라이선스-인에 나설 것으로 기대하고 있어 서다. 이밖에 SK바이오팜이 글로벌에서 판매중인 뇌전증 신약 엑스코프리는 위 드코로나로 인해 대면마케팅이 본격화하며 매출이 본격 성장 할 것으로 기대를 모은다.

우리나라가 가장 강점을 가진 '바이오시밀러' 분야 역시 추가적인 성장을 기 대할 수 있을 것으로 보인다. 바이오시밀러에 대한 약가 인하 압박과 후발주자 들의 합류로 경쟁이 치열해지는 등의 악재가 있지만, 미국 바이든 행정부가 의 료 부담을 완화하기 위해 바이오시밀러를 적극 권장하고 있다는 점에서 시장환 경은 우호적일 것으로 보인다.

국내 바이오시밀러 대표주자인 셀트리온과 삼성바이오로직스는 바이오시밀 러 적응증을 확대하며 이런 시장 상황에 적극 대응하고 있다. 그러나 제품 매출 이 본격화하는 건 2023년이 될 것으로 보인다. 2023년 미국에서 특허가 만료되 는 휴미라와 스텔라라의 바이오시밀러가 기대주다. 바이오시밀러 기업들은 아일 리아와 프롤리아 등 특허만료를 앞둔 글로벌 블록버스터 의약품의 바이오시밀 러도 개발 중이다. 바이오시밀러 분야의 경쟁이 치열해지고 있지만 빠른 개발을 통한 시장 선점과 저렴한 공급가라는 강점으로 시장을 잡겠다는 전략이다. **E**

탄소중립 '그린 딜'
한국경제에 영향 미칠까?

YES 80%

박호정 한국자원경제학회장, 고려대 교수

2021년 유엔기후변화협약 당사국총회(COP26)의 화두는 단연 '탄소중립'
이었다. 유럽연합(EU)·미국·영국·일본·한국은 물론, 중국도 탄소중립을 선언한
뒤 처음으로 열린 당사국총회였기 때문이다. 중국을 뺀 나머지 국가는 2050년
을 탄소중립 목표연도(중국은 2060년)로 선언했다.

>>> 유럽의 탄소중립, 경제 포기 아니다

2050년 탄소중립으로 가는 중간단계에 있는 정책이 '2030 국가온실가스감
축목표(NDC)'이다. EU는 2030년까지 온실가스를 1990년 배출량 기준으로

142

이코노미스트 2022 경제 대예측

55% 감축한다는 이른바 'Fit for 55' 정책을 발표했다.

이 정책에선 ▶배출권거래제에서 배출 상한의 축소, ▶항공과 해상운송 부문의 배출권거래제 편입이 이루어지며, 또한 ▶배출권 경매 수익을 바탕으로 사회적 기금을 조성해 재생에너지와 전기차 구매를 지원하기로 했다. 내연기관 자동차의 온실가스 배출을 2030년까지 55% 감축하는 동시에 ▶2035년에는 내연기관 자동차를 완전히 퇴출하는 내용도 담고 있다.

'Fit for 55'에서 주목해야할 게 하나 더 있다. 2021년 7월14일 발표한 '탄소국경조정제도(CBAM)'다. 상품가격에 관세 형태로 탄소비용을 붙인다. 일단 철강·알루미늄·시멘트·비료에 적용한다. EU 내에서 이 품목들을 수입하는 사업자는 연간 수입량에 비례하는 CBAM 비용을 내야 한다. 2023년부터 2025년

2030 국가온실가스감축목표(NDC) 상향안

단위: t(톤)

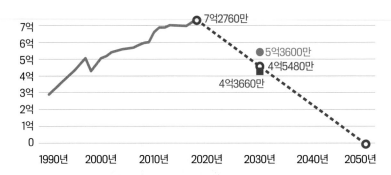

- 대한민국   —— 배출량 통계(2000~2018년)   ○ 정점 기준 선형감축   ● 기존 NDC   ■ NDC상향안

7억2760만

5억3600만
4억5480만
4억3660만

1990년   2000년   2010년   2020년   2030년   2040년   2050년

**주목할 건 CBAM 비용을 유럽 탄소배출권 가격에
연동시킨 대목이다. 유럽의 탄소배출권 가격이 높아지면
CBAM 비용도 같이 올라간다.**

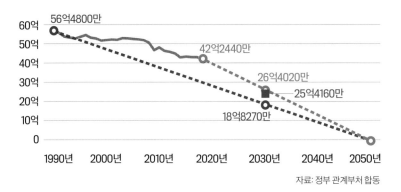

- **유럽연합(EU)** —— 배출량 통계(1990~2018년)   ○ 정점 기준 선형감축   ○ 2018년 기준 선형감축   ■ NDC

56억4800만

42억2440만

26억4020만
25억4160만

18억8270만

1990년   2000년   2010년   2020년   2030년   2040년   2050년

자료: 정부 관계부처 합동

까지 배출량 보고의무 기간을 거쳐 2026년부터 본격 시행한다.

주목할 건 CBAM 비용을 유럽 탄소배출권 가격에 연동시킨 대목이다. 유럽의 탄소배출권 가격이 높아지면 CBAM 비용도 같이 올라간다.

이유는 여느 관세와 마찬가지로 역내 산업을 보호하기 위해서다. 유럽 내 제조공장이 높은 배출권 가격을 못 견디고 제3국으로 이전하는 일을 막겠다는 것이다. 이런 이전 현상을 탄소 누출(Carbon leakage)이라고 부른다. 유럽의 탄소가 다른 지역으로 누출됐을 뿐, 전 세계 배출량은 여전하단 뜻이다.

탄소 누출은 고용과 투자에도 타격을 준다. 실제로 시장조사업체 리피니티브(Refinitiv)에 따르면, 2021년 유럽 내 기업의 63%가 신규 투자를 고민할 때 배출권 가격이 결정적인 영향을 미쳤다고 답했다. 2020년엔 27%였다. 유럽의 배출권 가격이 올 초 t(톤)당 30유로(4만원) 선에 세 배 가까이 오른 게 영향을 미쳤다. 한국의 배출권 가격보다도 세 배 정도 비싸다.

유럽만 특히 비싼 건 강화된 탄소중립 계획 때문이다. EU는 원래 2030년까지 1990년 배출량의 40%를 줄이겠다고 했었다. 이를 이번에 55%로 늘리면서 시장에선 배출권 수요가 앞으로 더 커질 것으로 보고 있다. t당 가격이 2030년엔 100유로(13만원)을 넘을 거란 전망도 나온다. CBAM 없이 배출권거래제만 고집했다간 역내 산업이 무너질 수 있는 것이다.

EU에서 보호무역으로 갑자기 방향을 바꾼 게 아니다. EU에서 기후변화 대책을 발표할 때 항상 언급했던 목표 중 하나가 고용과 경제 성장이었다. 이밖에 에너지빈곤의 해소, 에너지안보 강화를 함께 말해왔다. 기후변화 억제를 위한 노력을 강화하면서도 동시에 유럽의 경제성장을 도모하겠단 뜻이다. 이런 정책 목표는 코로나19 불황을 거치면서 더욱 뚜렷해졌다.

이런 EU의 행보에 미국도 자극을 받았다. 조 바이든 행정부가 출범한 것도 영향을 미쳤다. 3월 미국 통상대표부는 통상정책 아젠다를 발표하면서 탄소국경조정도 포함했다. CBAM처럼 철강 부문부터 적용한단 말이 나온다.

그러면서도 미국은 EU 주도의 탄소국경세 추진은 꺼리는 듯하다. 바이든 행정부의 기후정책 브레인 존 케리(John Kerry) 기후특사는 "탄소국경세는 최후의 수단(last resort)으로 고려해야 한다"고 주장했다. 탄소국경세 자체를 반대한다기보다는 기후변화 레짐에서 EU의 주도권을 견제하기 위한 발언이다. 미국과 EU의 최근 행보를 보면 어떤 유형의 탄소국경세가 도입되든지 간에 이는 탄소무역 라운드로 연결될 것으로 전망된다.

>>> 전력시장, 규제에서 시장 중심으로

2023년부터 탄소 배출량을 보고해야 하므로 한국도 지금부터 제도 정비가 필요하다. 한국 철강을 유럽으로 수출할 때 한국과 유럽의 배출권 가격 차이만큼을 더 내야 한다. 예를 들어 유럽 배출권 가격이 t당 60유로, 한국 배출권 가격은 40유로(환산 시)라고 하자. 철강을 생산할 때 배출하는 CO_2 총량에 t당 가격 차 20유로를 곱한 만큼을 CBAM 비용으로 낸다.

당장은 철강·알루미늄처럼 탄소 배출량 계산이 쉬운 품목에서 시작하지만, 앞으로는 석유화학제품·자동차 등 복합재로 확대될 여지도 있다.

한국 기업이 내야 할 CBAM 비용은 크게 두 가지 요인이 결정한다. 하나는 국내 배출권 가격이다. 유럽과의 가격 차만큼 기업이 부담하기 때문이다. 다른 하나는 탄소 배출량 인증 여부다. 한국 기업이 온실가스를 추가로 감축한 성과가 있고, 이를 인증받는다면 비용을 줄일 수 있다. 따라서 배출권 가격 정책과

2050년 1인당 잠재 GDP 성장률·경제활동인구 비중 증가율

■ 1인당 GDP 증가율 ■ 경제활동인구비중 증가율

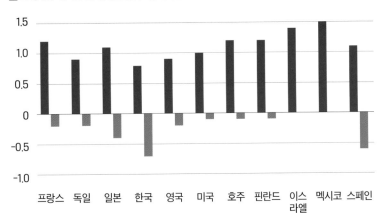

자료: OECD(2021)에서 저자 재정리

2021년 11월 영국 글래스고에서 열린 제26차 유엔기후변화협약
당사국총회(COP26)에서 참석자들이 대화를 나누고 있다.

배출량 인증 정책 정비가 필요하다.

또 다른 과제는 국내 목표치다. 국회는 9월 제정한 탄소중립기본법에서 한국의 2030 NDC 목표를 40%로 정했다. 기준연도는 EU와 달리 2018년이다. 이 때문에 감축 부담은 한국이 더 크다. 탄소 배출량이 꾸준히 늘었던 한국과 달리, EU는 1990년대부터 감소세였기 때문이다. 목표 달성을 위한 연간 감축률을 보면, EU는 1.98%이고 한국은 그보다 2배 높은 4.17%다. 미국·영국·일본 등과 비교해도 높다. 상당히 도전적인 과제에 직면한 것이다.

우선 2050년 탄소중립과 2030년 NDC 목표에 맞춰서 관련 계획들을 수정해야 한다. 2020년 정부에서 각각 발표했던 '에너지기본계획'(5년 주기)과 '전력수급기본계획'(2년 주기)을 수정해야 한다. 또 태양광·풍력 같은 재생에너지 확대에 발맞춰 '장기송변전설비계획'도 다시 검토해야 한다.

전력시장도 개편해야 한다. 그간 한국 전력시장은 요금규제 중심으로 관리돼 왔지만, 앞으론 미국과 EU 전력시장처럼 시장 원리를 바탕으로 하도록 바뀌어야 한다. 배출권이나 탄소세 같은 탄소비용을 전기요금과 연계해야 실시간 전력계통 관리가 수월해진다. 또 2022년부터 시행하는 환경급전 효과도 커진다. 환경급전이란 탄소 배출량이 적은 발전기에 인센티브를 주는 제도다.

산업부문에서는 탄소중립을 둘러싼 글로벌 밸류체인 선점 경쟁이 치열해지고 있다. 전기차·수소차·연료전지·수소환원제철 등 저탄소 기술이 중심에 있다. 수소환원제철이란 철을 만들 때 석탄 대신 수소를 쓰는 기술을 말한다.

당장 철강 부문 대응이 급하다. 앞서 살펴봤듯 미국과 EU 공히 이 부문에서 탄소국경조정을 거론하고 있어서다. 수소환원제철 전 단계로 고철을 활용한 전기로 방식이 이행기 기술로 쓰일 만하다. 물론 조건이 있다. 고철 폐기물을 충분히 확보해야 한다는 점, 그리고 전기로에 공급하는 전기가 재생에너지여야 한다는 점이다. 그래야 CBAM 비용을 줄일 수 있다.

세계 최대 철강사인 아르셀로미탈(Arcelor Mittal)은 이른바 '그린철강'을 만들기 위해 재생에너지 전기를 쓰거나 관련 인증서를 구매하고 있다.

>>> 경제성장 고려 않은 한국 시나리오

금융시장도 예외는 아니다. 유럽에선 환경·사회·지배구조(ESG)가 중요한 투자지표로 자리 잡았다. 영국은 글래스고에서 열렸던 COP26을 계기로 기후변화 관련 재무정보 공개 태스크포스(TCFD)의 권고안을 의무하기로 했다.

반면 한국은 아직 걸음마 단계다. 한국에선 그간 연기금의 책임투자 역할, 기업 공시정보의 범위(탄소 배출량, 에너지 사용량 등), 기업 지배구조 공시와 지속가능성보고서 의무화를 중심으로 논의돼 왔다. 친환경 사업 관련 자금 조달을 위해 발행되는 녹색채권 규모도 아직 작다. 금융위원회에 따르면, 2020년 12월 ESG 채권 잔액 82조원 중 녹색채권은 3조원에 그쳤다.

현 정부의 탄소중립 시나리오는 성장 고민보단 탄소 감축에 방점이 찍혔다. 2050년 미래상을 떠올리면 문제는 심각하다. 국민연금·공무원연금 등 사회보장 안전핀이 위태로울 상황에서 어느 선진국보다 강도 높은 탄소중립까지 이뤄내야 한다. 탄소중립 시나리오를 반영하지 않아도 2050년께 한국 경제성장률은 제로에 수렴할 가능성이 크다. 경제협력개발기구 분석 결과다.

탄소감축과 경제성장을 함께 추진하는 EU 정책 방향은 우리 목표를 점검하는 나침반 역할을 한다. 우리의 탄소중립 정책 이행을 통해 기후변화와 경제성장의 지속가능성을 동시에 추구한다는 정책목표가 설정될 필요가 있다. **E**

CHAPTER 4

국내·외 산업 동향

코로나19 사태는 사회와 산업의 양상을 바꿔놓았다. 비대면 시대가 되면서 모바일을 중심으로 기술 개발과 콘텐트 생산이 급증하고 수요도 몰렸다. 전세계 기업들은 플랫폼 개발과 온라인 서비스에 앞다퉈 뛰어들었다. 모바일 플랫폼을 통한 게임·유통·배달·쇼핑, 가상현실(VR)·증강현실(AR)·메타버스, 라이브커머스, 인터넷동영상서비스(OTT) 관련 산업이 화두로 떠올랐다. 집값 안정화를 위해 공급을 확대 중인 주택시장도 건설산업의 성장을 예견한다. 다만, 대통령선거와 지방선거의 결과가 향후 어떤 영향을 미칠 지 관심이다.

가상공간속리얼라이프
메타버스는 차세대 인터넷인가?

YES 70%

원태영 기자

신종 코로나바이러스 감염증(코로나19)이 2020년부터 전 세계를 휩쓸면서 비대면 서비스에 대한 수요가 급증하기 시작했다. 이런 급격한 변화 속에서 '메타버스(Metaverse)'가 새로운 대안으로 급부상했고, 글로벌 기업들은 물론 국내 기업들도 관련 플랫폼 개발에 본격적으로 뛰어든 상황이다. 일각에서는 메타버스를 '제2의 인터넷' 혹은 '차세대 인터넷'이라고 부른다. 그렇다면 메타버스가 어떤 잠재력을 가지고 있기에 전 세계가 주목하는 것일까.

우선 메타버스라는 용어에 대해 정의할 필요가 있다. 메타버스는 가상·초월을 뜻하는 메타(Meta)와 세상·우주를 의미하는 유니버스(Universe)를 합친 말이다. 현실세계와 같은 사회·경제·문화 활동이 이뤄지는 3차원의 가상세계를 뜻한다. 사실 메타버스라는 개념은 최근 등장한 것이 아니다. 메타버스의 개념

'페이스북 커넥트 2021'
행사에서 마크 주커버그
CEO가 메타버스 속 자신의
아바타에게 말을 걸고 있다

은 1992년 닐 스티븐슨(Neal Stephenson)의 과학소설 '스노우 크래시(Snow Crash)'에서 처음 언급됐다.

>>> 1992년 SF 소설 '스노우 크래시'에서 시작된 메타버스

해당 작품 속에서 메타버스는 고글과 이어폰, 즉 시청각 출력장치를 이용해 접근하는 가상세계로 규정된다. '아바타(Avatar)'라는 개념도 스노우 크래시에서 등장한다. 아바타란 가상세계에서 자신의 분신을 뜻하는 말로, 산스크리트어 '아바따라'에서 유래됐다. 소설 속 등장인물들은 아바타라는 가상의 신체를 빌

려야만 가상 세계로 들어갈 수 있다.

대중들에게 있어 메타버스라는 용어 자체는 생소할 수 있다. 하지만 대중들은 이미 오래전부터 메타버스 관련 콘텐트를 경험해 왔다. 2003년 출시된 온라인 가상현실 플랫폼 '세컨드 라이프(Second Life)' 속 분신을 비롯해 '싸이월드 미니미', 각종 온라인게임 캐릭터들이 아바타의 대표적 예다. 2009년에는 제임스 카메론 감독이 동명의 공상과학(SF) 영화를 만들기도 했다.

해외에서는 세컨드 라이프를 통해 아바타라는 용어가 널리 알려졌으며, 국내는 2000년대 초반 싸이월드 속 캐릭터인 미니미가 인기를 끌며 아바타 열풍을 일으킨바 있다. 2018년 개봉한 스티븐 스필버그 감독의 SF 영화 '레디 플레이어 원'은 가상현실(VR) 게임 속에서 경제 활동을 하는 사람들의 모습을 그리고 있다. 현재 메타버스 관련 기업들이 꿈꾸는 미래 모습을 가장 잘 표현했다는 평을 받는 작품이다.

30년전 등장했던 메타버스가 2020년을 기점으로 다시 주목받은 것은 코로나19의 영향이 크다. 외부활동이 제한되자, 현실생활의 다양한 활동들이 이뤄질 수 있는 3차원(3D) 가상공간에 대한 수요가 크게 늘었고 일부 온라인게임 플랫폼이나 아바타 기반 소셜 플랫폼 등이 주목받기 시작한 것이다.

2021년 당시 한국정보통신진흥협회 회장직을 맡았던 박정호 SK텔레콤 부회장은 2021년 1월 방송통신인 신년인사회에서 "지난 1년간 지나온 모습은 국가 간 이동과 여행이 거의 되지 않고, 밀집된 공간에 모여서 사교하는 생활도 힘든 안타까운 일상이었다. 이런 경험이 가상 세계, 즉 메타버스로 진화하는 속도를 10년은 앞당긴다고 본다"고 밝혔다.

현재 메타버스 플랫폼으로 주목 받는 서비스들은 무수히 많다. 그 중 대표적인 것들을 꼽자면 '로블록스', '제페토', '디센트럴랜드' 등이 있다

2006년에 정식 출시된 로블록스는 이용자가 직접 게임을 프로그래밍하고, 다른 이용자가 만든 게임을 즐길 수 있는 플랫폼이다. 블록으로 구성된 3D 가상세계에서 아바타로 구현된 개인들이 소통하며 노는 공간으로, 현재 미국 청소년들의 대표 플랫폼으로 자리매김했다.

로블록스는 미국 내 16세 미만 청소년의 55%가 가입한 것으로 알려졌으며, 누적 이용시간은 306억 시간, 월간 활성 이용자(MAU) 수는 1억5000만명, 하루 접속자 수는 4000만명에 달하는 것으로 집계됐다. 이용자가 직접 제작한 게임 역시 4000만개가 넘는 것으로 알려졌다.

>>> 로블록스, 제페토 등 기존 메타버스 플랫폼 큰 인기

로블록스가 다른 플랫폼과 차별화 되는 점은 '로벅스(Robux)'라는 가상화폐를 통해 경제활동이 가능하다는 점이다. 미국 CNBC에 따르면, 2020년 1200명의 개발자가 로블록스 게임으로 벌어들인 수입은 평균 1만 달러(약 1200만원)로 나타났다. 이 중에서도 상위 300명은 연간 평균 10만 달러(약 1억2000만원)를 벌어들인 것으로 조사됐다.

미국에 로블록스가 있다면 한국에는 제페토가 있다. 네이버의 손자회사인 네이버제트가 운영 중인 제페토는 얼굴 인식과 증강현실 등을 이용해 아바타와 가상세계를 만드는 플랫폼이다. 2018년 출시 이후 글로벌 누적 가입자 2억명을 보유하고 있는 제페토는 이용자의 80%가 10대일 정도로 Z세대의 전폭적인 관심을 받고있는 메타버스 플랫폼이다.

제페토가 10대들의 메타버스로 급부상한 이유는 팬 플랫폼으로서의 역할과 다양한 정체성을 가진 아바타로 가상 세계에서 소통할 수 있는 SNS 역할에 성공했기 때문이다. 제페토는 빅히트엔터테인먼트와 YG엔터테인먼트로부터 120억원, JYP엔터테인먼트로부터 50억원의 투자 유치에 성공하며 여러 아티스트 지적재산권(IP)을 활용해 다양한 콘텐트를 생산하고 있다.

2020년 9월 아이돌 가수 '블랙핑크'가 제페토에서 팬사인회를 열자 4600만명이 몰렸다. 2021년 2월에는 아이돌 가수 '있지(ITZY)'가 설 연휴동안 제페토 내 가상 한강공원에서 팬미팅을 개최했는데 누적 680만명이 방문했다. 제페토에선 아바타에게 옷을 사입힐 수 있는데, 나이키, 구찌 등 유명 브랜드도 제페토에 입점했다. 아울러 제페토 개인 이용자도 옷이나 아이템을 디자인해서 팔수 있다.

제페토 내 지식재산권(IP)를 활용해 제작한 2차 콘텐트도 10억건이 넘었다. 직접 꾸민 아바타를 주인공으로 10대들이 직접 드라마 등을 제작하고 있다.

디센트럴랜드는 2015년 설립돼 2020년 2월 정식 오픈한 블록체인 기반 VR플랫폼이다. 디센트럴랜드에서 이용자는 탐색, 생성, 게임 플레이, 웨어러블 수집, 창작물 수익화, 토지 플롯 활용, 3D 건축 기술을 활용할 수 있으며, 이용자가 직접 땅을 소유하고 관리할 수 있다. 아울러 이용자들은 가상화폐 마나(MANA)를 통해 게임 내 땅을 사고 팔 수 있고 부동산 거래를 통해 얻은 수익도 챙겨갈 수 있다.

미국 뉴욕포스트에 따르면 2021년 11월 캐나다 가상자산 투자회사 토큰스닷컴이 디센트럴랜드 땅 일부를 61만8000마나로 구입해 화제를 모으기도 했다. 이는 당시 달러로 환산할 경우 243만 달러(한화 약 29억원)에 해당하는 금액이다.

최근 전 세계적으로 메타버스 열풍이 불면서 2022년 메타버스 모바일 게임

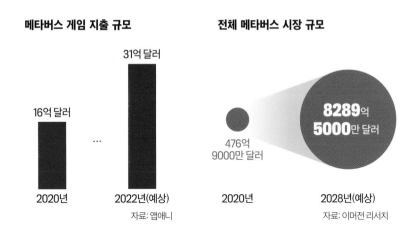

메타버스 게임 지출 규모

31억 달러

16억 달러

...

2020년 · 2022년(예상)

자료: 앱애니

전체 메타버스 시장 규모

8289억 5000만 달러

476억 9000만 달러

2020년 · 2028년(예상)

자료: 이머전 리서치

30년전 등장했던 메타버스가 2020년을 기점으로 다시 주목받은 것은
코로나19의 영향이 크다.

중앙포토

로블록스 이미지

소비자 지출도 3조6000억원을 넘어설 것이란 전망이 나온다. 모바일 데이터 및 분석 플랫폼 '앱애니(App Annie)' 보고서에 따르면 2022년 전 세계 소비자들은 메타버스 모바일 게임에 31억 달러 (약 3조6000억원) 이상 지출할 것으로 예상된다. 앱애니는 "스마트폰을 통한 간단한 조작과 가상 아바타를 통해 실시간으로 교류할 수 있는 세계 구축 기능이 소비자들의 이목을 사로잡고, 소비 지출을 이끌어낼 것"이라고 전망했다.

>>> 장밋빛 미래 예상되는 메타버스 관련 산업

메타버스 핵심 구현기술인 VR·AR 시장도 크게 성장할 전망이다. 글로벌 시장조사업체 프라이스워터하우스쿠퍼스(PwC) 분석에 따르면 메타버스 구현 기술인 VR·AR 시장은 2019년 455억 달러(약 53조7500억원)에서 2030년 1조5429억 달러(약 1800조원)까지 성장할 전망으로 조사됐다.

전체 메타버스 시장 규모도 급성장할 것으로 보인다. 시장조사업체 이머전리서치는 2020년 476억9000만 달러(약 57조400억원) 수준이던 세계 메타버스 시장 규모가 매년 40% 이상 성장해 2028년 8289억5000만 달러(약 991조4000억원)에 이른다고 추산했다. 글로벌 투자은행 모건스탠리는 메타버스가 차세대 소셜미디어, 스트리밍, 게임 플랫폼을 대체하며 최대 8조 달러(약 9000조원)의 시장을 형성할 것이라고 밝혔다.

메타버스가 기존 인터넷을 뛰어넘는 차세대 플랫폼으로 발전할 것이란 전망이 나오면서 기존 플레이어 이외에도 여러 후발주자들이 메타버스 시장에 뛰어들고 있다.

먼저 글로벌 시장을 살펴보면, 메타버스에 가장 적극적인 행보를 보이고 있는 곳은 바로 페이스북이다. 페이스북은 2021년 10월 사명을 '메타(Meta)'로 변경할 정도로 메타버스에 진심이다. 페이스북의 새로운 사명 메타는 모든 사람들이 3D 세상에서 함께 즐기는 메타버스를 구축하는 것을 목표로 한다. 함께 공개된 새 로고는 수학기호에서 무한대를 의미하는 '∞' 모양이다.

마크 저커버그 CEO는 "메타버스가 멀리 떨어진 사람과 실제로 함께 있는 듯한 몰입감을 주고, 현실에서 불가능한 일을 가능하게 할 것"이라며 "차세대 소셜 테크놀로지 회사로서의 미래를 펼쳐나갈 새로운 장이 될 것"이라고 강조했다.

메타는 메타버스의 핵심 기술인 VR 기기 기술에도 투자를 게을리하지 않았다. 2014년 VR디바이스 제조기업 '오큘러스(Oculus)'를 인수한 이후, VR/AR 디바이스-콘텐트-플랫폼 등 확장현실(XR) 산업 밸류체인에 대한 전방위적 투자를 지속해왔다. 메타는 VR 기기 '오큘러스 퀘스트'를 중심으로, 그간 게임에 집중됐던 VR 기술을 업무, 사회 교류, 피트니스 등 다양한 분야로 확장할 방침이다. 아울러 차세대 VR 기기 '프로젝트 캠브리아(Project Cambria)'도 공개했다.

>>> 치열한 경쟁 벌이는 후발주자들

국내에서는 SK텔레콤이 메타버스 투자에 적극적이다. SK텔레콤은 오래전부터 메타버스를 미래 먹거리로 점찍고 관련 기술을 축적해왔다. 본업인 통신만으로는 성장에 한계를 느꼈기 때문으로 분석된다. SK텔레콤은 2019년 메타버스 플랫폼 '점프 버추얼 밋업'을 선보였고 2021년 7월 이를 '이프랜드(ifland)'로 개편해 출시했다. SK텔레콤은 이프랜드가 '누구든 되고 싶고, 하고 싶고, 만나고 싶고, 가고 싶은 수많은 가능성(if)들이 현실이 되는 공간(land)'이라는 의미를 담고 있다고 설명했다.

이프랜드는 누구나 쉽고 간편하게 메타버스 세상을 즐길 수 있도록 프로세스 간소화와 사용성에 중점을 뒀다. 800여종의 아바타 코스튬 소스와 18종의 다양한 룸 테마 등을 기반으로 130여명이 같은 공간에서 소통할 수 있도록 했다. 아울러 SK텔레콤은 이프랜드를 회의, 행사 등에 특화된 오픈 메타버스 플랫폼으로 성장시킬 계획이다. 현재 이프랜드에선 음악방송, 채용설명회, 영화 관람, 워크샵, 발표회 등 다양한 소통·체험형 콘텐트들이 진행되고 있다. 향후에는 다양한 아이템을 구매하고 판매할 수 있는 마켓 시스템도 도입할 계획이다.

원조 모바일게임사 컴투스도 게임, 영상, 공연과 같은 콘텐트를 비롯해 금융, 쇼핑, 의료 등 다양한 분야의 기업과 서비스가 포함된 메타버스 협력체를 조성하고 있다. 일·생활·놀이를 모두 결합한 올인원 메타버스 플랫폼 '컴투버스(Com2Verse)' 구축을 추진 중이다.

컴투버스 플랫폼에는 장소에 구애받지 않는 가상 오피스 환경을 제공하는 '오피스 월드', 언제든 필요한 제품을 구매하고 의료 및 금융 서비스 등을 이용할 수 있는 '커머셜 월드'가 조성된다. 게임, 음악, 영화, 공연 등 각종 엔터테인먼트를 즐길 수 있는 '테마파크 월드', 이용자들이 함께 소통할 수 있는 '커뮤니티 월드'도 포함된다.

아울러 이런 서비스들과 연동하는 독자적 블록체인 경제 생태계를 구축해 참여자들이 경제 활동의 주체로서 실제 삶과 같은 생활을 즐길 수 있는 미러월드 메타노믹스 플랫폼을 구축할 계획이다.

이프랜드 제휴 사례

MZ세대와 신선하게 소통하고 싶으면 이프랜드를 활용하세요!

사람인 HR 채용설명회 ('21.6월)

우리은행 CEO - MZ세대 직원들과의 만남 ('21.7월)

빙그레 게코라믹 고객초청이벤트 ('21.7월)

매일 밤 10시 이프랜드에서 앨범음...
대앨리안씨즌수

조선비즈 김양허

부천국제영화제 Q&A 심야 상영회 ('21.7월)

SK텔레콤이 국내 기업 최초로 메타버스 공간에서 기자 간담회를 개최했다.

연합뉴스

메타버스는 향후 제2의 인터넷 혹은 차세대 인터넷이 될 것으로 전망된다. 영화 '레디 플레이어 원' 속 모습이 현실로 될 날이 머지 않아 보인다. 다만 VR 기기 대중화 및 여러 수반되는 기술 발전 속도가 이용자들을 완벽하게 만족시킬 수 있을지는 아직 미지수다. 하지만 코로나19 장기화로 비대면 서비스 관련 수요가 높아진 상황 속에서, 메타버스에 도전하는 기업들은 점점 더 늘어날 것으로 전망된다. **E**

온택트(ONTACT)시대
라이브커머스의 급부상

YES 85%

라예진 기자

"로컬 도시락, 아주 맛있습니다. 신종 코로나바이러스 감염증(코로나19) 상황으로 인해 생겨난 비대면 식문화에도 이 도시락이 제격이고 1인 가구가 간편하게 먹기에도 좋습니다. 로컬 도시락, 구매해서 맛보세요~"

홍남기 경제부총리가 도시락 판매 방송에 등장했다. 대형 방송사가 마련한 거창한 스튜디오 방송이 아닌, 온라인으로만 방영하는 소규모 영상 촬영 현장이었다. 이 온라인 방송은 정부가 2021년 6월 기획한 '대한민국 동행세일' 행사 일환으로 열린 라이브커머스(Live Commerce)였다.

경제부총리까지 나선 라이브커머스는 요즘 유통업계 최고 화두 중 하나다. 라이브커머스란 생방송 영상을 의미하는 라이브 스트리밍(Live Streaming)과 상업을 의미하는 커머스(Commerce)가 합쳐진 말로 생방송 영상을 통해 제품

지난 6월 대한민국
동행세일 라이브커머스에
등장한 홍남기 부총리.

을 사고 파는 행위를 하는 미디어 커머스의 새로운 형태다.

 정보기술(IT)이 발달하면서 라이브커머스가 2016년부터 출시됐는데, 국내 시장에서 본격적으로 주목받기 시작한 것은 2020년부터였다. 코로나19 여파로 비대면 쇼핑이 인기를 끌더니, 여기에 비대면이지만 물건을 파는 사람과 사는 사람이 온라인으로 자유롭게 소통할 수 있는 온택트(Ontact)형 온라인 쇼핑, 라이브커머스가 급부상하게 된 것이다. 이는 수치로도 확인할 수 있다. 교보증권 분석에 따르면 2020년 국내 라이브커머스 시장은 4000억원 수준이었고 올해는 2조8000억원으로 껑충 뛰고, 2023년에는 10조원을 기록할 것으로 추정한다.

 라이브커머스의 인기는 해외에서 먼저 시작했다. 중국은 온라인 쇼핑몰 '타

오바오' '콰이쇼우' 등을 중심으로 2016년부터 라이브커머스 운영이 활발하게 진행됐다. 라이브커머스 방송을 통해 얼굴을 알리며 제품을 판매하는 왕홍도 생겼다. 대부분 100만명이 넘는 팬을 보유하는 중국 왕홍은 연예인이나 유명 기업인만큼 중국내에서 큰 인지도를 얻으며, 한번 라이브커머스로 제품 판매에 나서면 제품 완전 판매를 기록하는 완판 대란을 일으키는 존재다. 중국 국가통계국과 알리바바 연구원의 공동 조사 결과에 따르면 중국 라이브커머스 시장 규모는 올해 179조1600억원에 달할 것으로 전망된다. 미국에서도 '토크숍라이브'를 중심으로 라이브커머스가 2018년부터 보편화하고 있다.

>>> 다섯 가지 형태로 구분되는 국내 라이브커머스

2020년부터 확장성을 보이는 라이브커머스 국내 시장은 크게 다섯 가지 형태가 있다. 가장 먼저 라이브커머스를 위해 개발된 스타트업 기반의 애플리케이션이 있다. 대표적으로 2019년에 처음 선보인 '그립'이 꼽힌다. 네이버 출신 김한나 대표가 시드 투자를 유치해 개발한 라이브커머스 전문 쇼핑앱으로, 2020년 연간 거래액 243억원을 기록한 데 이어 올해는 이미 상반기에 2020년 거래액인 243억원을 넘기고 연말까지 거래액 800억원을 넘길 만큼 호응을 얻고 있다. 애플리케이션 다운로드는 210만을 뛰어넘었고 그립내 판매자 수는 1만명이 훌쩍 넘는다. 스타트업 기업으로 시작한 그립은 매해 무섭게 성장세를 보이더니 12월에 카카오에 1800억원 투자를 받고 인수됐다.

두 번째로 볼 수 있는 형태는 카카오와 네이버와 같은 전통 커뮤니케이션 플랫폼에서 출시한 라이브커머스다. 현재 카카오와 네이버 모두 자체 앱 안에서 라이브커머스를 운영하고 있다. 하지만 이 둘의 운영 방식은 다르다. 한마디로 표현하면 카카오는 폐쇄형, 네이버는 개방형 라이브커머스를 전개한다. 카카오는 철저히 내부적으로 관리된 라이브 콘텐트만을 방영한다. 특히 자체 스튜디오를 운영하며 제품 판매의 기획부터 영상 촬영, 송출 등을 모두 책임진다. 방송 수도 하루 5번으로 정했다. 이 같은 전략을 통해 카카오는 검증된 상품과 전문가가 만든 고화질의 영상을 제공해 프리미엄 라이브커머스 이미지를 구축하고자 한다.

반대로 네이버는 자유로운 방식으로 판매자가 원하는 장소에서 라이브 방송을 진행할 수 있도록 하고 있다. 카카오와 달리 네이버 라이브커머스는 제품 선정과 제품 판매 형태 모두 판매자의 몫이다. 정반대의 운영 형태를 달리고 있는 카카오와 네이버의 지금까지 성적표는 네이버가 비교적 좋다. 카카오 라이브커머스 올해 12월 기준 누적 시청 횟수는 1억5000만뷰에 다다르고, 올해 3분기 기준 평균 시청 횟수는 20만뷰로 전 분기 대비 43%가량 증가했지만, 네이버 라이브커머스는 2020년 누적 시청 횟수가 7억회를 넘는 등 카카오 수치의 5배 이상을 기록하고 있다.

다음으로는 TV홈쇼핑을 운영하던 유통업계에서 나선 라이브커머스가 있다. 현대홈쇼핑, 롯데홈쇼핑 등 TV를 통해 상품을 판매하던 대형 홈쇼핑 기업이 온라인 쇼핑 방송으로 확대하고 있는 모양새다. 이미 카메라와 쇼호스트, 스튜디오를 모두 갖춘 홈쇼핑 기업은 방송 방영 방법만을 TV에서 온라인으로 바꾸면 되는 것이기 때문에 이 같은 확장성은 빠르게 진행됐다. 또 라이브커머스는 기존 TV홈쇼핑의 주요 소비자층인 중장년을 넘어서 젊은 10~30대 소비자층으로까지 확장할 수 있는 돌파구로 여겨진다.

네 번째로는 일반 온라인 쇼핑몰에서 라이브커머스에 진출한 사례다. 이커머

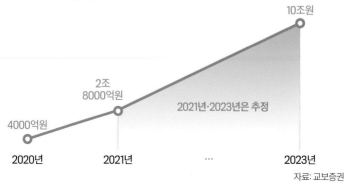

자료: 교보증권

신종 코로나바이러스 감염증(코로나19) 여파로 비대면 쇼핑이
인기를 끌더니, 여기에 비대면이지만 물건을 파는 사람과
사는 사람이 온라인으로 자유롭게 소통할 수 있는
온텍트(Ontact)형 온라인 쇼핑, 라이브커머스가 급부상

국내 라이브커머스 5개 형태

	형태	플랫폼
1	전문 라이브커머스 플랫폼	그립
2	커뮤니케이션 플랫폼 기반 라이브커머스	카카오쇼핑라이브, 네이버쇼핑라이브
3	TV홈쇼핑 기업에서 확대한 플랫폼	현대홈쇼핑, 롯데홈쇼핑
4	일반 온라인 쇼핑몰이 나선 라이브커머스	쿠팡라이브, 티몬 셀렉트, 라이브 11번가
5	백화점 업계가 내놓은 라이브커머스	온라이브, SSG라이브, 더현대라이브

스 1세대 온라인 쇼핑몰로 통하는 '쿠팡' '11번가' '티몬' 모두 라이브커머스 서비스를 운영한다. 쿠팡은 올해 초 쿠팡라이브를, 11번가는 2020년부터 라이브11를, 티몬은 2020년부터 티몬 셀렉트를 통해 라이브커머스를 선보이고 있다. 이들은 모두 온라인 쇼핑의 편리함만을 추구하던 언택트(Untact)형 이커머스였다면, 이제는 소통까지 더한 온택트형 이커머스를 추가한 것이다.

마지막 다섯 번째 형태는 콧대 높은 백화점 기업이 나선 라이브커머스다. 국내 빅3 백화점으로 통하는 롯데백화점, 신세계백화점, 현대백화점 모두 자체 온라인 쇼핑몰을 운영하며 라이브커머스 방송을 진행한다. 롯데백화점은 롯데온을 통해 온라이브를 운영하고 신세계백화점은 SSG닷컴에서 SSG LIVE를, 현대백화점은 더현대닷컴에서 더현대LIVE를 펼친다.

이처럼 국내 라이브커머스를 전개하는 플랫폼이 많아지자, 방송 구성도 다양해졌다. 라이브커머스를 통해 물건을 판매하는 판매자의 경우, 일반 사업자가 직접 판매자로 나서거나 TV홈쇼핑처럼 전문 사회자가 등장해 대신 물건을 소개하고 판매하기도 한다. 콘텐트 영상 구성도 제품을 앞세워 판매자가 말하며 판매하는 형태가 있고 마치 하나의 예능 프로그램 보여주듯 영상을 보여주며 자연스럽게 물건을 소개하고 사도록 유인하는 구성도 있다.

형태는 다양하지만, 모두 실시간으로 소비자와 대화를 나눈다는 것은 동일하다. 실시간으로 방송되는 형태이기 때문에 라이브커머스 진행 시간 동안에는 판매자와 소비자가 채팅창을 통해 계속해서 소통한다. 가령 라이브커머스가 시작되고 채팅창에 "77 사이즈가 입기엔 작지 않아요?"라는 소비자 글이 올라오면, 판매자는 두 팔을 양쪽으로 뻗으며, "보세요~ 제가 사이즈 66인데 이렇게 품이 넉넉해요. 77 사이즈 언니들도 충분히 입을 수 있어요!"라고 설명하는 등 판매자와 소비자가 마치 영상통화를 하듯 대화를 나눈다.

꾸밈없는 영상에 활발한 소통이 이뤄지는 것이 라이브커머스의 인기 요인이다. 박성희 한국트렌드연구소 책임연구원의 설명이다. "V커머스는 계속해서 대중화되고 있다. 방송국이 주도하는 대형 쇼핑마켓이 아닌, 개인 판매자 중심의 1인 마켓 시대인 것이다. 이 때문에 체계적이고 복잡한 시스템의 플랫폼보다 혼자서 누구나 쉽게 구현할 수 있는 플랫폼이 라이브 커머스에서 인기다. MZ세대(밀레니엄+Z 세대:1980~2000년대초 출생)는 정보를 습득할 때 활자보다 동영상에 익숙하다. 이들은 쇼핑 정보도 동영상으로 자극받아야 소비 욕구가 발현된다."

〉〉〉 성장세라지만, 아직 온라인 쇼핑 규모 2% 수준

하지만 라이브커머스는 이제 성장하는 사업 분야로, 개선점도 뚜렷하다. 미리 계획하고 기업 관리 아래 기획된 콘텐트가 아닌 이상, 상품 품질과 가격에 대해 소비자에게 신뢰를 주기 어렵다. 개인사업자가 자유롭게 방송을 시작해 물건을 판매하는 라이브커머스 플랫폼인 형태는 어떠한 사전 점검도 거치지 않고 소비자에게 판매되기 때문이다.

라이브커머스는 대부분 판매자의 자유로움을 중요하게 여기기 때문에 정해진 틀로 정돈되지 않는, 판매자마다 다른 방식으로 물건을 판매하는 것도 소비자에게 혼란을 주기도 한다. 특히 그립인 경우 판매 상품에 대한 가격표마저도 정리되지 않는다. 그립 판매 영상에서는 각 상품 소개 없이 라이브 방송가 100원, 1000원, 1만원이라는 등의 가격 결제 버튼을 쉽게 볼 수 있다. 소비자는 방송을 보며 실시간으로 각 제품의 가격을 듣고, 채팅으로 구입 의사를 밝힌 후 각 제품의 가격만큼 100원, 1000원, 1만원 버튼 등을 눌러서 해당 가격을 만들

사진 카카오

카카오 라이브커머스의 판매 화면.

어서 결제해야 한다. 만약 뒤늦게 영상을 본 소비자들은 앞서 소개된 제품 이름과 가격을 알 수 없어서 구매할 수도 없는 형태다.

또 사업 규모가 성장세지만, 아직 미비한 인지도를 지닌 것도 현실이다. 한국인터넷진흥원 자료에 따르면 현재 라이브커머스 시장이 전체 온라인 쇼핑 규모에서 차지하는 비율은 약 2% 수준으로 아직 비교적 낮은 비율을 차지하고 있다. [이코노미스트]가 2021년 2월에 알바천국과 진행한 설문조사 결과에서도 20대 응답자 대부분이 라이브커머스를 활발하게 사용하지 않는 것으로 나타난 바 있다. 20대 1000명 중 14.1%만 라이브커머스로 쇼핑을 즐긴다고 답했다. 또 라이브커머스를 본다고 답한 응답자는 쇼핑 목적이 아닌 그저 '라이브커머스에서 나오는 동영상 콘텐트가 흥미로워서 본다'고 답한 응답자가 33.3% 정도로 가장 많았다. 또 20대가 즐겨보는 라이브커머스 플랫폼으로는 네이버가 39.5%, 카카오가 23.5%로 절반 이상이 네이버와 카카오만을 이용하는 것으로 소수 플랫폼으로 집중되는 한계점을 지니고 있다. **E**

규제 뚫고 폭등한 집값
새해에도 계속 오를까?

YES 65%

민보름 기자

2021년 11월 노형욱 국토교통부 장관은 한 라디오뉴스 인터뷰에서 "확실히 조정국면에 접어들었다"며 집값 안정을 천명했다. 2017년 6·19대책 이후 약 4년 반 동안 시행된 부동산안정화대책의 성과가 나오는 듯한 순간이었다. 실제 한국부동산원(옛 한국감정원)이 내놓는 주간 아파트매매지수는 상승 폭을 줄이며 이 같은 분석을 뒷받침했다.

그러나 얼마 지나지 않아 찬물을 끼얹는 기사가 온라인을 장식했다. 서울 서초구 반포동 소재 아크로 리버파크 전용면적 84.9㎡가 또다시 매매 신고가를 기록한 것이다. 이른바 '국민 평형'이라고도 불리는 면적의 공동주택이 초고가인 45억원에 거래되며 3.3㎡(평)당 1억3000만원을 넘겼다.

2021년 말을 장식했던 종합부동산세 폭탄, 금리 인상에 이어 2022년에는

서울 서초구 반포동에 있는 아크로리버파크 단지 전경

제20대 대통령선거, 중국 발(發) 부동산 위기, 선진국 테이퍼링(자산매입 축소) 등 대내외적 변수가 쏟아질 예정이다. "꼭지냐, 아니냐"를 두고 전문가 간 이견이 많은 가운데 누군가는 조심스럽게 '똘똘한 한 채'를 외치며 "살 사람은 산다"는 지론을 편다. 강남 새 아파트의 초고가 행렬이 의미하는 바는 무엇일까.

>>> 눈 높아진 소비자, '신상'은 여전히 태부족

우리나라 1인당 국민소득(GNI)은 어느새 선진국 기준인 3만 달러를 넘긴 지 오래다. 저성장 시대에 신종 코로나바이러스 감염증(코로나19) 확산 여파가 겹쳐 점점 더 먹고살기 어렵다고 하지만 부유층과 고소득자 수 역시 매년 증가하고 있다.

KB금융지주 경영연구소가 발간한 '2021 한국 부자 보고서'에 따르면 금융자산 10억원 이상 자산가 수는 2016년 27만1000명에서 2020년 39만3000명으로 10만명 이상 늘었다. 금융감독원 전자공시시스템상 삼성전자, SK텔레콤, 네이버 등 국내 주요 대기업의 2020년 1인당 평균 연봉 또한 1억원을 넘겼다. 토스, SK바이오팜 같은 유니콘들은 임직원에게 억대 스톡옵션과 성과급을 제공했다. 정보통신기술(ICT), 바이오산업 호황에 따라 이 같은 현상은 2022년에도 지속될 것으로 보인다.

그러나 우리 사회 곳곳에선 외형만큼 선진국다운 조건을 충족하지 못하는 부분을 발견할 수 있다. 이번 주제인 주택시장을 돌아보자면 '압축 성장'의 상징인 이른바 '닭장 아파트'가 대표적이다. 어느 나라든 고밀 개발 된 대도시는 맨션, 또는 콘도라 불리는 공동주택이 주거형태의 주를 이루지만 한국의 많은 도심 아파트 입주민들은 유독 주차난, 상수도 녹물 같은 불편을 겪고 있다.

특히 수도권에선 주거 선호지역으로 갈수록 이 같은 주택 노후화가 심한 기현상을 발견할 수 있다. 애초에 1970~80년대 서울 강남·여의도·목동 같은 곳에 대규모 공동주택 단지가 개발되며 부촌을 이룬 탓도 있다. 문제는 야심 차게 추진했던 도시정비사업이 2008년 뉴욕 발(發) 금융위기 이후 부동산 시장 불황 여파로 지체되거나 규제의 벽에 부딪혀 미뤄진 경우가 적지 않다는 점이다. 한국부동산원 부동산테크에 따르면 2021년 기준 서울의 평균 아파트 연식은 21.2년으로 국내 대도시 최고 수준을 달리고 있다. 정도의 차이일 뿐 대전·부산·광주 같은 지방 대도시 아파트 연식도 20년 안팎인 것은 마찬가지다.

그래서 최근 몇 년간 수도권 집값 급등의 원인으로 지목된 주택공급 부족 현상은 '신축 아파트' 부족과 맞물려 더 큰 파장을 불러일으키고 있다. 주택보급률이 2008년 이미 100%를 초과한 상태에서 "집이 없다"는 말은 사실 "살만한 아파트가 없다"는 뜻이 된다. 이처럼 품귀현상을 불러일으킨 새 아파트는 2016년 전후로 본격 시작된 이번 집값 상승기를 주도했다. 서울 강남권에선 3.3㎡당 1억원 시대를 연 아크로리버파크가, 강북 직장인들 사이에선 마포래미안푸르지오가 선망하는 주거단지로 자리 잡았다. 대전에선 도안신도시, 부산에선 대연 롯데캐슬 레전드 등 대연동 신축이 집값 상승 열풍을 불러일으켰다.

그러나 정부는 정권 초부터 공급이 아닌 수요를 손봤다. 대출 규제로 고가주택의 상승을 억제하고 분양가 통제, 안전진단기준 강화 등으로 재개발·재건축 등 미래 신축 아파트가 낳을 잔치 분위기를 차단하기로 한 것이다.

>>> 규제의 아이러니⋯분양·대출규제가 다져놓은 집값

분양보증을 무기로 하는 주택도시보증공사(HUG)의 분양가 심사와 민간택지 분양가상한제로 일부 청약자들은 로또를 맞았지만 이미 공급됐어야 할 단지들이 여전히 계산기를 두드리면서 주택 공급은 말라가고 있었다. 실수요자들이 몇 년 동안 손꼽아 기다린 서울 강동구 둔촌주공아파트 재건축(둔촌 올림픽파크 에비뉴포레)은 2020년 착공한 뒤 공정률이 40%에 도달했는데도 일반분양 시장에 나오지 못하고 있다.

이에 부동산 전문가 다수와 주택산업연구원(주산연)은 입을 맞춰 2022년에도 수급 불안 문제로 집값 상승을 점치고 있다. 주산연에 따르면 문재인 정부 5년간 누적된 공급 부족이 38만 가구에 이른다. 이중 서울에서만 14만 가구의

1인당 국민총소득(명목)

단위: 달러

자료: 한국은행

시도별 아파트 평균연식

※2021년 기준

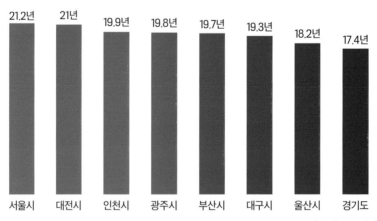

자료: 한국부동산원

공급이 부족한 상태다. 아파트를 착공해 완공하기까지는 최소 2년에서 3년까지 기간이 필요하다. 현재 입주물량 부족은 2~3년 전 분양이 감소하면서 생긴 결과라는 뜻이다. 정부는 2018년 하반기 부랴부랴 수도권 30만 가구 공급대책을 내놨지만 3기 신도시 등 택지개발에만 최소 5년이 걸린다.

결국 다년간 집값 상승의 피로감, 금리 인상, 대출 규제, 대구·세종 등 일부 지역의 입주물량 적체 같은 요소가 작용해 2021년보다 상승 폭은 줄 수 있지만 2022년에도 수급 부족 현상이 이어지며 집값이 상승한다는 뜻이다. [이코노미스트가 업계 전문가 21명에게 '2022년 부동산 설문'에서 응답자가 예상한 내년 집값 상승률 평균과 주산연 전망치는 2.5%로 같았다. 건설·부동산 애널리스트로 명성을 얻었던 이상우 인베이트투자자문 대표는 "공급 부족 등 모든 지표가 상승에 일조할 것"이라고 단언하기도 했다.

또한 역설적이게도 문재인 정부의 부동산 안정화 대책은 그동안 높은 집값의 바닥을 다졌다. 일례로 지난 4년 동안 전 지역이 투기과열지구였던 서울에서 집을 산 매수인 상당수는 집값의 채 40%도 주택담보대출(주담대)을 받지 못했다. 10억원짜리 아파트를 사며 신용대출 없이 담보대출만을 받았다면 4억원도 빌리지 못했다는 뜻이다. 2017년 8·2대책으로 투기지역·투기과열지구 주담대에 대한 담보인정비율(LTV)과 총부채상환비율(DTI)이 40%로 제한됐기 때문이다. 담보인정비율 산정 시 실거래가 아닌 KB부동산 시세, 한국부동산원 시세 등 시가를 기준으로 한다. 통상 부동산 상승기엔 기관 시세가 실거래 상승의 속도를 따라잡지 못한다.

덕분에 규제지역으로 지정된 수도권과 지방 광역시 부동산은 정부 대책 발표 시기에 잠시 주춤했다가 숨 고르기를 한 후 다시 상승하는 패턴을 이어갔다. 대출 규제에 적응하는 시기를 거치며 계단식 상승을 반복한 셈이다. 다시 몇 년

이재명 경기도지사(오른쪽에서 네번째)는 2020년 9월 부천·김포·하남 3개 시 시장과 지역 국회의원 등이 참석한 가운데 경기도청에서 'GTX D 노선 국가철도망 반영을 위한 간담회'를 개최한 바 있다.

전 서울 아파트를 10억원에 샀던 아무개 씨 이야기로 돌아가 보자. 이창무 한양대 교수는 대한주택건설협회 토론회에서 서울 아파트 가격이 문재인 정부 들어 93% 상승(2021년 10월 기준)했다는 분석 결과를 발표했다. 아무개 씨 아파트가 이 절반 수준인 50%밖에 오르지 않아 15억원이 됐다고 가정하더라도 부채비율이 채 30%를 넘지 않는다. 게다가 그는 정부 방침대로 그동안 원금과 이자를 함께 차곡차곡 갚아나가고 있었을 것이다.

그렇다면 서울 아크로리버파크를 45억원에 산 다른 A씨 이야기를 해보자. 2019년 12.16 대책이 시행된 이후 지금까지 서울에서 시가 15억원을 초과하는 초고가 주택을 사들인 매수자는 주택담보대출을 받을 수 없었다. 그렇다면 서울 아크로리버파크를 A씨도 주담대 없이 해당 아파트를 샀을 것이다. 즉 부채비율이 낮은 현재의 규제지역 집주인들은 외부 이슈로 시장에 잠시 조정이 오거나 금리가 오르더라도 당장 '패닉셀링'(panic-selling·공포심에 따른 급격한 매도) 해야 할 이유가 없는 셈이다. 때문에 오히려 대출 규제 이후 고가주택, 대형 타입 시장이 견고해졌다는 분석도 나온다.

임대차 3법(계약갱신청구권제·전월세상한제·전월세신고제) 시행 이후 급등한 전세가와 정부의 '공시가격 현실화' 정책에 따라 오르고 있는 공시가격 또한 집값의 하방 지지선을 형성할 전망이다. 임병철 부동산114 수석연구원은 "새 임대차법 영향으로 계약갱신청구권 사용 세대가 시장에 나올 경우 새해 전세와 매매 동반 상승 요인으로 작용할 수 있다"고 밝혔다.

>>> 매수심리 결정할 대선, 당장은 상승에 한 몫

그럼에도 2022년 3월 대통령선거는 여전히 부동산 시장에 영향을 줄 변수로 지목된다. 특정 후보의 당선 여부에 따라 정책이 전혀 다른 방향으로 갈릴 것이라는 분석도 나온다. 송승현 도시와경제 대표는 "여야의 대립되는 부동산 정책 방향성에 따라 시장참여자들 대응이 달라지면서 가격 변동이 있을 것"이라고 전망했다.

반면 당장 2022년까진 승자가 누구든 선거 자체가 집값을 올리는 동력이 되리라는 전망 또한 다수를 이루고 있다. 이 역시 공급물량과 관련이 있다. 선거철에 분양이나 주택마케팅을 하지 않는 것은 건설업계 불문율이다. 부동산 분석업체 부동산인포와 리얼투데이에 따르면 이 때문에 2021년 말 일명 '밀어내기 물량'이 집중됐다. 경기도·인천에선 2만3000여 가구, 전국으로 치면 6만2558가구 규모다. 이 또한 누적된 공급 부족을 채우기엔 역부족이며 2022년 주택공급은

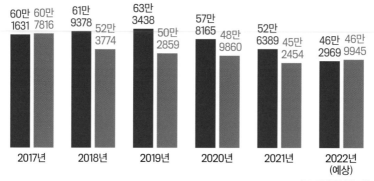

주택 매매시장 수요·공급량 통계

단위: 가구

■ 수요증가　■ 공급량

연도	수요증가	공급량
2017년	60만 1631	60만 7816
2018년	61만 9378	52만 3774
2019년	63만 3438	50만 2859
2020년	57만 8165	48만 9860
2021년	52만 6389	45만 2454
2022년 (예상)	46만 2969	46만 9945

자료: 주택산업연구원

**주택산업연구원에 따르면 문재인 정부 5년간
누적된 공급부족이 38만가구에 이른다.**

광역철도 지정기준 현행 및 개선방안

	현행	개선방안
대도시권 범위	5개 권역	〈좌 동〉
권역별 지점	서울시청·강남역, 부산시청, 울산시청, 대구시청, 광주시청, 대전시청	현행 + 5개지점 추가·조정 (서울역, 삼성역, 청량리역, 인천시청, 세종시청)
거리 반경	40km 이내	50km 이내 또는 시·종점~중심지 인접역사 통행시간 60분 이내
표정 속도	50km/h 이상 (도시철도연장선은 40km/h 이상)	현행 표정속도를 원칙으로 하되, 사업여건 등을 감안해 10% 범위 내에서 조정 가능
대도시권 연계형	없음	정성적 요소를 고려해 외부위원회 심의를 거쳐 지정가능

※2021년 12월 13일 발표 기준

자료: 국토교통부

일시적으로 더더욱 부족해질 전망이다.

조영광 대우건설 부동산데이터 연구원은 "대선도 변수이나 누가되든 공급부족이 예상된다"면서 "여당이 승리하면서 지금과 같은 HUG의 분양가 규제가 계속된다면 시장 왜곡이 계속되며 실수요자 사이에 '패닉바잉', '청무피사'("청약은 무슨 피주고 사"를 줄인 유행어) 현상이 지속할 것으로 예상된다"고 밝혔다. 그는 "야당이 승리해도 종부세, 재초환 등 민감한 부동산법안을 수개월 내 변경하기 어려워 2023년이 돼야 민간공급의 숨통이 트일 것"이라고 덧붙였다.

선거에서 재개발, 광역교통망 등 지역공약이 호재로 작용하며 집값을 밀어올릴 가능성도 있다. 2022년에는 대선뿐 아니라 6월 지방선거도 열린다. 지방선거는 지자체장 등을 뽑는 특성상 구체적인 지역 호재로 이어진다. 재선을 노리는 오세훈 서울시장의 신속통합기획 민간정비사업이 대표적이다. 5년 이상 걸리던 정비구역 지정 기간을 2년으로 단축한다면 30년 넘은 낡은 아파트가 곧 호텔식 커뮤니티를 갖춘 럭셔리한 새 아파트가 될 것이란 상상력이 발휘될 수 있다. 이에 따라 주요지역 정비사업 추진 단지의 가치는 더욱 오를 전망이다.

2018년 공개된 수도권광역급행철도(GTX) 개발계획이 경기도 동탄, 일산부터 인천 송도 집값을 끌어올렸던 현상과 같은 일이 반복될 수 있다. 이미 조짐이 보인다. 국토부가 2021년 12월 14일 광역철도 지정기준 개선안을 발표함에 따라 각 지자체에 의해 동탄이 종점이던 GTX-C노선의 평택 연장과 GTX-B의 춘천 연장이 추진되고 있다. 제주 제2 공항, 동남권 신공항(부산 가덕도) 개발 문제도 다시 부상하고 있다.

이은형 대한건설정책연구원 책임연구원은 "내년 선거로 인해 주택공급 확대 및 기반시설 구축 등 개발 호재가 있다"면서 "정부가 계획한 공급물량은 많지만, 입주까지 시일이 걸려 당분간 상승할 것"이라고 전망했다. **E**

CHAPTER 5

투자 가이드

2022년 투자자산에서도 가상자산과 부동산에 대한 관심은 계속될 전망이다. 비트코인 등 전세계 가상화폐는 2021년 말 기준 시가총액이 2조2420억 달러(약 2600조원)로 1년 전(시총 3300억 달러)에 비하면 성장세가 폭발적이다. 부동산 시장에선 주택에 대한 규제 강화로 상가·오피스텔 등 상업·업무용 부동산에 관심이 쏠리고 있다. 다만 현 정부가 가상자산과 부동산에 대한 규제 수위를 높이고 있는데다, 대통령선거와 지방선거로 정책 기조가 바뀔 수도 있는 점이 투자의 변수로 작용할 수 있다.

몸값 커진 가상자산 시대
비트코인 '투기'에서 '투자'로 진화 중

YES 60%

김정훈 기자

2017년 말, 여러 사람의 입에 암호화폐(가상자산) '비트코인'이 오르내리기 시작했다. 개당 가격이 2000만 원대를 넘어서며 폭등하자 사람들의 관심도 치솟았다. 하지만 가격 상승세는 오래가지 못했고 1차 열풍은 그렇게 사그라들었다.

그로부터 3년 후, 비트코인 2차 열풍이 시작됐다. 한 두 달만에 상승세가 고꾸라진 1차 열풍 때와 달랐다. 3000만원, 5000만원을 넘어선 비트코인 가격은 2021년 10월 8000만원까지 돌파했다. 해외 투자 전문가들은 비트코인 가격이 1억원에서 최대 5억원까지도 오를 수 있다는 장밋빛 전망을 내놓는다.

1차 열풍 때만 해도 비트코인 구매자는 투기꾼으로 몰렸지만 지금은 사정이 달라졌다. JP모건 같은 글로벌 투자회사 보고서에 비트코인 관련 내용이 게재된다. 세계 최대 자산운용사 블랙록의 적격 투자 대상 자산에도 비트코인은 포

함돼 있다. 21세기 새로운 투자자산인 '디지털 금'이라는 명칭까지 생겼다. 물론 앞으로도 비트코인을 비롯한 암호화폐 가격이 어디로 향할지는 아무도 알 수 없다. 확실한 것은 이제 비트코인 구매가 투기보다는 점점 투자행위로 여겨진다는 점이다.

>>> 비트코인, 글로벌 큰 손들의 생각을 바꾸다

전세계의 가상화폐 시장 정보를 제공하는 코인마켓캡(CoinMarketCap)에 따르면 2021년 12월 13일 기준, 전세계 446개 거래소에 상장된 가상화폐 종류는 1만5534개, 시가총액은 2조2426억 달러(약 2600조원)다. 국내 코스피 시총(약 2200조원)을 넘어서는 수치다. 이날 기준, 24시간 거래액은 717억 달러(한화 약 84조원)를 기록했다. 약 1년 전, 전세계 가상화폐의 종류가 6000개, 시총이 3300억달러(390조원) 수준이었던 점을 감안하면 놀라운 증가세다.

1만여개의 가상화폐 중 비트코인 시총은 9246억 달러(1090조원)로 전체 41%를 차지한다. 비트코인 시세 변동은 가상화폐 시장의 전체 시세를 좌우하기도 한다. 이에 대부분의 코인 투자자들이 비트코인 시세 변동에 민감하다.

2009년 등장한 비트코인은 별다른 시세 변동을 보이지 않다가 2017년 말, 2000만원을 돌파하며 치솟기 시작했다. 이후 다시 소강상태를 보이던 비트코인은 2020년 말 급등해 2021년 12월13일 기준, 6000만원 언저리에서 횡보 중이다. 같은 기간 금 값 상승률은 55%지만 비트코인은 300%에 달한다.

2020년 말부터 2021년 12월까지 가격이 상승세를 보이자 개인 투자자들의 관심이 높아졌다. 팀쿡 애플 최고경영자(CEO), 일론 머스크 테슬라 CEO 등 유명인사들도 개인적으로 비트코인에 투자했다고 공개했다. 글로벌 기관투자가들의 관심도 뜨겁다. 실제로 2017년 기관투자가들의 가상화폐 거래 비중은 10%대에 불과했지만 최근에는 60%대로 치솟았다.

투자 거물들은 비트코인에 다소 부정적이다. 버크셔해서웨이의 워런 버핏과 찰리 멍거, 헤지펀드 억만장자 존 폴슨, JP모건체이스의 제이미 다이먼 등 월스트리트 인사 상당수는 비트코인을 혐오한다. 특히 최근 찰리 멍거 버크셔헤서웨이 부회장은 비트코인에 대해 "존재하지 말았어야 한다. 현재 자본시장의 거품은 정보기술(IT) 업계의 거품보다 심각하다. 시장이 미쳤다"고 분노했다.

제이미 다이먼 JP모건체이스 회장은 비트코인에 대해 "빛 좋은 개살구다. 바보들의 금이다. 가치가 없다. 비트코인 사려고 돈을 빌리는 사람은 바보"라며 인

제이미 다이먼 JP모건 CEO

터뷰 때마다 발언 수위를 높여왔다. 하지만 정작 JP모건은 가상화폐에 대해 전향적인 자세를 보여주고 있다. 2019년에는 가상자산의 일종인 'JPM코인' 개발 계획을 공개했고 2020년에는 블록체인 프로젝트 조직을 신설했다. 올해 들어서는 투자 보고서에 비트코인을 다루기도 했다. JP모건은 보고서에서 비트코인에 대해 "금과 경쟁할 수 있는 잠재력을 지닌 대안자산"으로 평가했다. 회장과 회사의 생각이 다른 셈이다.

이에 대해 다이먼 회장은 "나는 (비트코인을) 지지하지 않지만, 고객들은 관심이 있다"고 밝혔다. 이제 투자자들은 비트코인이 '바보들의 금'이건 '존재하지 말았어야 할 것'이건 상관이 없다. 시세가 오르고 이 과정에서 수익을 얻는 사람이 생기고 있다. 고객이 관심을 보이니 JP모건 같은 대형 투자회사들이 비트코

2017년 이후 비트코인 개당 가격 추이

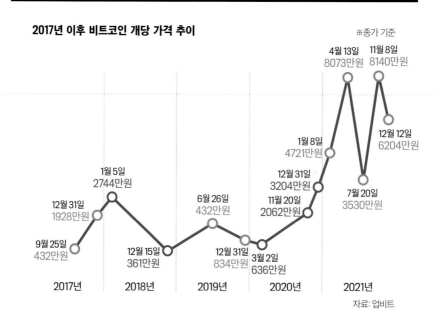

※종가 기준

자료: 업비트

비트코인을 '디지털 금'이라 칭하지만
실제 시세는 금에 비해 등락폭이 큰 편이다.

가상화폐·주식시장 비교

	가상화폐	주식
기준	12월12일 종가 기준	2021년 1월1일~12월13일
기관	전세계 446개 거래소	코스피+코스닥+코넥스
상장 종목	1만5534개	2606개
시가 총액	2조2426억 달러(한화 약 84조원)	2662조원
24시간 거래액	717억 달러(한화 약 2600조원)	27조원*(2021년 1월1일~12월13일)

*일평균 거래액

자료: 코인마켓캡, 한국거래소

인을 다룬다. 비트코인을 대하는 JP모건의 방식은 가상화폐에 대한 기관투자가들의 생각 변화를 보여주는 단편적인 사례라는 평가다.

미래에셋증권은 내년도 투자시장을 전망하는 '2022 테마리포트'에서 "기존 금융산업 입장에서 화폐 성격이 강한 가상자산은 무시하고 견제해야 할 대상이었다"며 "하지만 탈중앙화 플랫폼으로서의 성격이 부각되자, 이제는 투자해야 할 대상으로 빠르게 변화하고 있다"고 설명했다. 투자업계 관계자는 "비트코인이 등장했을 때 대부분 '디지털 화폐'라는 부분에 주목했지만 계속된 가격 상승으로 이제는 투자자산으로서의 개념이 더 강해졌다"며 "글로벌 기관들이 비트코인을 자산으로 인정했는지 안 했는지는 이제 중요하지 않다. 더 중요한 것은 투자자들의 관심이 앞으로 가상화폐 시장에 더욱 쏠릴 것이라는 점"이라고 밝혔다.

>>> 롤러코스터 타는 코인 시세, 여전히 낮은 신뢰도

하지만 여전히 비트코인 시세는 변동성이 큰 편이다. 시장에서는 비트코인을 '디지털 금'이라고 칭하고 있지만 대표적인 안전자산으로 꼽히는 금에 비하면 등락폭이 크다. 2021년 10~12월 국제 금값의 평균 등락율은 0~1%대지만 비트코인은 2~3%대로 높다. 같은 기간 동안 5% 이상 등락폭만 9번이나 기록했다.

그나마 이 기간 비트코인 가격은 비교적 안정적(?)이었다. 2021년 4월 8000만원을 기록했던 비트코인은 불과 두달 만에 가격이 4000만원으로 절반이 증발했다. 이 기간 10% 이상 등락폭만 4번을 기록했다.

이 시기는 일론 머스크 테슬라 CEO가 '트윗 한줄'로 비트코인 가격을 쥐락

펴락하던 때다. 글로벌 경제상황이 아닌 일회성 이슈로 가격 변동성이 커지며 비트코인은 투자자들에게 지속적인 신뢰도를 얻지 못했다.

이에 안정적 투자를 선호하는 국내 자산가들은 코인 투자를 꺼린다. KB금융지주 금융연구소가 지난달 발간한 '2021 한국 부자 보고서'(금융자산 10억원 이상 400명 설문)에 따르면 응답자 70%는 '가상화폐 투자 의향'을 묻는 질문에 '투자 의향이 없다'고 답했다. 이들의 절반가량은 '투자 손실 위험이 크다'는 점을 기피 이유로 지적했다. 금융자산 30억원 이상 부자는 '가상화폐 거래소를 신뢰할 수 없어서'(42.3%)를, 금융자산 30억원 미만 부자는 '가상화폐에 대해 잘 몰라서'(33.5%)를 각각 꼽았다.

반면 '영끌'(영혼까지 끌어모음), '빚투'(빚내서 투자)로 대변되는 2030세대 사이에서 가상화폐의 높은 변동성은 오히려 매력으로 작용 중이다. 2021년 11월 전국경제인연합회가 여론조사기관 모노리서치에 맡겨 전국 20·30대 남녀 700명을 대상으로 재테크 인식을 조사한 결과, 가상화폐에 실제 투자해본 경험이 있다는 응답 비율은 40.5%였다. 2030세대 10명 중 4명은 가상화폐 투자 경험이 있는 셈이다.

〉〉〉 2022년 가상자산 투자? 메타버스·NFT 주목

가상화폐가 투자자산으로 여겨지기 시작했지만 여전히 안전성이 담보되지 않은 상태다. 다만 최근에는 국내 거래소들이 실명계좌 인증 등을 마치면서 투자 안전성이 확보되는 추세다. 코인시장을 두고 '서부개척시대 같다'던 게리 겐슬러 미국 증권거래위원회(SEC) 위원장이 2021년 10월 비트코인 선물 상장지

금융자산규모별 향후 가상화폐 투자 의향

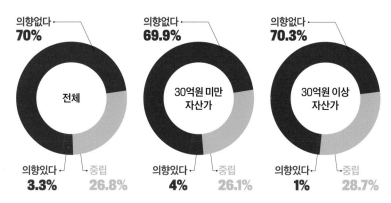

의향없다
70%

전체

의향있다
3.3%

중립
26.8%

의향없다
69.9%

30억원 미만
자산가

의향있다
4%

중립
26.1%

의향없다
70.3%

30억원 이상
자산가

의향있다
1%

중립
28.7%

금융자산규모별 가상화폐 투자 기피 이유

■ 30억원 미만 자산가 ■ 30억원 이상 자산가

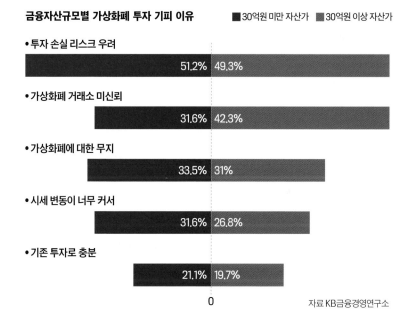

• 투자 손실 리스크 우려

51.2% 49.3%

• 가상화폐 거래소 미신뢰

31.6% 42.3%

• 가상화폐에 대한 무지

33.5% 31%

• 시세 변동이 너무 커서

31.6% 26.8%

• 기존 투자로 충분

21.1% 19.7%

0

자료 KB금융경영연구소

수펀드(ETF)를 승인한 것은 관련 상품 규제가 마련됐기 때문이다.

코인 투자 소득에 과세(2023년부터)가 시작되는 것은 장기적으로 보면 투자 안전성 강화의 신호가 될 수 있다. 정부가 과세 의지를 밝힌 만큼 유예기간 동안 투자 안전망 확보에 더 열을 올릴 가능성이 높아서다. 과도한 규제라는 지적도 있지만 가상화폐가 하나의 투자시장으로 자리잡기 위해서는 차라리 과세가 되는 것이 낫다는 얘기다.

그렇다면 2022년에도 가상화폐 시장은 2021년처럼 달아오를까. 홍기훈 홍익대 경영학과 교수는 "가상화폐 시장 전망은 아무도 할 수 없을 것"이라면서도 "확실한 것은 2022년에 당장 사라지지는 않을 시장"이라고 말했다. 시세 예측이나 향후 시장 전망은 어렵지만 당분간은 이 시장이 존재하며 흘러갈 수 있다는 얘기다.

이런 측면에서 2022년 가상화폐 시장에서 주목받을 코인을 예측해볼 수는 있다. 이미 시장에서는 메타버스(Meta+Universe)와 접목한 테마 가상화폐들이 시장을 주도할 것이란 전망이 나온다. 유튜브채널에서 가상화폐 분석가로 유명한 니콜라스 머튼 애널리스트는 "메타버스 테마의 알트코인들이 내년 암호화폐 시장을 주도할 수 있다"고 전망했다. 그는 최근 메타버스 관련 코인인 엔진코인·디센트럴랜드·샌드·액시인피니티·레드폭스랩스 등의 가격이 강세를 보였다는 근거를 제시했다.

최근 주목받는 가상자산으로는 대체불가토큰(NFT)를 꼽을 수 있다. 가상화폐 거래소인 업비트는 향후 NFT시장 확대를 예상하고 공격적인 투자를 하고 있다. 2021년 11월에는 시장공략을 위해 NFT마켓도 오픈했다.

이후 업비트에서는 첫 번째 NFT경매가 이뤄졌고 작가 '장콸'의 '미라지 캣 3'(Mirage cat3)은 최종 3.5비트코인(당시 기준 약 2억4000만원)에 낙찰됐다.

그의 기존 실물 작품들이 300만~400만원대에 거래된다는 점을 감안하면 놀라운 낙찰가다. 웹3.0 시대에서의 정보는 양보다 질이 더 중요하다. 웹 3.0은 업계에서 논의되는 다음 버전의 인터넷이다. 이때 디지털 콘텐트에 대한 소유권을 정보제공자가 확실히 보장받아야 차익도 낼 수 있다. 업비트도 이 시장 확대를 예상하고 발 빠르게 NFT마켓을 열었다. 2억4000만원에 낙찰된 '미라지 캣3' 가격이 향후 10배, 100배 이상 뛸지는 아무도 모른다.

김현기 하이투자증권 연구원은 "업비트는 베타서비스 기간 40점의 NFT만으로 약 1억원의 수수료 수익을 기록했다"며 "앞으로 NFT는 고가 미술품 뿐만 아니라 게임아이템, 명품 인증서 등 우리 일상생활에 깊숙이 침투할 것"이라고 밝혔다. **E**

유동성 공급 축소 전망에 코스피 박스권 탈출할까?

━━━━━━━━━━━━━━━━━━━━━●━━━━━━━━━━━━━

YES 70%

이종우 칼럼니스트

2022년 주식시장은 박스권을 뚫고 나올 수 있을까? 대답은 '예'다. 다만 방향이 위가 아니라 아래가 될 가능성이 높다. 이유는 간단하다. 국내외 모두 주가가 높은 상태에서 경제는 2021년만 못하고, 금리를 인상하는 등 긴축 정책이 강화될 가능성이 높아서다. 주가가 높은 상태에서 높은 가격을 만든 동력이 약해진다면 시장이 견디기 힘들다.

국제통화기금(IMF)이 2021년 세계경제 전망치를 6%에서 5.9%로, 미국의 성장 전망치도 7%에서 6%로 하향 조정했다. 우리나라만 4.3%를 그대로 유지했다. 2021년보다 더 관심을 끈 건 2022년이다. 미국과 유럽의 성장률이 4%대를 유지할 거라 전망했다. 문제는 실현 가능성이다. 지난 20년간 미국의 연평균 성장률은 2% 초반에 지나지 않는다. 유럽은 더 낮아 1%로 수렴한다.

중앙포토

　2021년은 직전 연도에 신종 코로나바이러스 감염증(코로나19)가 발생해 성장이 마이너스를 기록한 때문에 성장이 높았지만 2022년은 어떤 요인 덕분에 평균보다 훨씬 높은 성장을 만들어질지 분명하지 않다. 보기에 따라서는 2021년에 해놓은 전망을 수정하지 않고 그냥 놓아두었기 때문으로 볼 수 있을 정도로 현실성이 없다. 사정이 이렇다 보니 2022년은 경제 전망치가 계속 낮아질 수밖에 없다. IMF만 성장률을 하향 조정한 게 아니다. 다른 많은 예측기관도 이미 2021년 7월부터 하향 조정에 나섰다.

　경기선행지수는 현재 경제 상황을 가장 명확하고 빨리 알려주는 지표다. 선행지수가 100 밑에 있지만 상승하고 있으면 경기 회복국면이 된다. 경제가 바닥을 찍고 올라오는 상황이기 때문이다. 지수가 100 위에 있으면서 오르고 있으면 확장국면이고, 지수가 100 위에 있지만 하락할 때는 둔화, 100 밑에 있으면서 하락하면 침체국면이 된다. 이 기준대로라면 2022년 우리 경제는 확장 국면을 마무리하고 둔화국면으로 들어갈 가능성이 높다. 과거 예를 보면 우리 경제가 한번 바닥을 치면 20개월 정도 회복과 확장을 지속했었다. 2020년 4분기에 회복이 시작됐으니까 2022년 상반기면 확장국면까지 모두 끝날 정도가 된다.

주가는 경기가 바닥을 치고 돌아서기 직전에 상승을 시작해 경기 회복국면에 상승이 빨라졌다가, 확장국면 초반에 최고점에 도달한다. 그래서 확장국면 중반을 지난 후부터는 경기가 좋아짐에도 불구하고 주가가 내려가는 경우가 많다. 2021년 하반기가 그런 상황이었다. 2022년은 주식시장이 경기 확장 이후를 걱정할 수밖에 없는 상황이다.

>>> 경기 둔화로 기업 이익이 크게 늘기 힘들어

경기 둔화의 영향으로 이익 전망도 좋지 않을 것이다. 시장에서는 2021년 3분기 67조2000억원의 영업이익을 고점으로 하락하기 시작해 4분기에 60조4000억원, 2022년 1분기는 49조7000억원으로 이익이 줄어들 것으로 전망한다. 이 수치가 맞다면 2022년 상반기 이익 감소율이 20%를 넘게 되는데 이 숫자로는 주가 상승을 기대하기 힘들다.

2021년에는 영업이익 전망치는 시간이 갈수록 높아졌다. 연초에 170조원을 예상했던 상장사 영업이익이 210조원을 넘을 정도였다. 문제는 시기다. 증가의 대부분이 상반기에 이루어졌고, 하반기는 거의 정체했다. 다른 나라도 상반기가 하반기보다 이익 전망치가 높았지만, 우리처럼 심하지는 않았다. 이런 상황 때문에 주가가 오르지 못했는데 2022년은 이익이 늘어날지 아닐지 의심되는 상황이어서 전망이 더 암울할 수밖에 없다.

기업이익 둔화 가능성은 경제 지표를 통해서도 나타난다. 경기동행지수와 후행지수는 의미하는 바가 다르다. 동행지수는 산업생산이나 수출액, 건설기성액, 소매판매액 등 기업 매출과 관련된 지표로 구성돼 있다. 반면 경기후행지수는 고용이나 소비자물가, 금리 등 비용과 관련된 지표의 비중이 높다. 따라서 두 지표의 차이를 보면 앞으로 기업이익이 어떻게 될지 알 수 있다. 후행지수가 올라가지 않는 상태에서 동행지수가 높아지면 매출 증가에도 불구하고 비용이 올라가지 않는 상태여서 이익이 늘어나게 된다. 반면 동행지수가 내려오고 후행지수가 올라가면 매출이 줄어드는 데에도 불구하고 비용이 늘어나므로 이익이 줄어들게 된다. 2022년은 동행지수 변동치가 하락 반전하는 사이 후행지수가 계속 상승하는 상태가 될 것이다. 그만큼 기업 상황이 좋지 않다.

시장에서는 기업 이익이 나빠지는 이유로 공급 병목현상을 자주 꼽는다. 수요를 충분히 채울 만큼 공급이 늘어나지 못하기 때문에 이익이 지지부진하다는 것이다. 이는 이익이 더 날 수 있는데 여러 사정에 유보되고 있다는 의미를 담고 있다. 이런 생각과 달리 2022년에 이익이 나빠진다면 이는 매출 감소와 비용 증가 모두의 영향 때문일 것이다. 막혀있던 공급요인이 풀린다 해도 문제가 해결되지 않고, 매출을 결정하는 경기 방향까지 바뀌어야만 이익이 늘 수 있다.

코로나19 발생 이후 주가를 끌어올린 가장 큰 힘인 저금리와 유동성 공급도 2022년에는 힘을 실어주기는 어렵다. 많은 나라에서 금리를 올려 주식시장이 금리 인상에 시달릴 것이기 때문이다. 우리는 이미 금리를 두 번 올렸다. 한국은행이 2022년 계획을 밝히지 않았지만, 시장에서는 1분기에 또 한 번의 인상을 예상하고 있다. 연간 전체로는 3번 내지 4번 인상을 염두에 두고 있는데 이 전

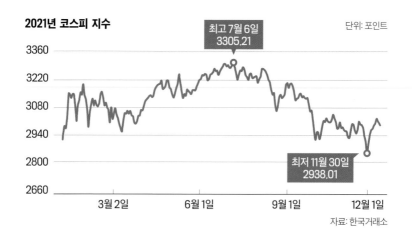

2021년 코스피 지수

단위: 포인트

최고 7월 6일
3305.21

최저 11월 30일
2938.01

자료: 한국거래소

**주가를 끌어올린 가장 큰 힘인 저금리와 유동성 공급도
2022년에는 힘을 실어주기는 어렵다. 많은 나라에서 금리를 올려
주식시장이 금리 인상에 시달릴 가능성이 높아서다.**

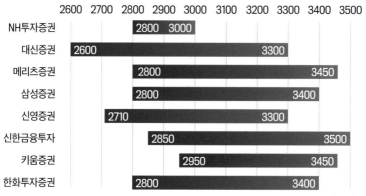

주요 증권사의 2022년 코스피 전망치

단위: 포인트

	전망치
NH투자증권	2800 ~ 3000
대신증권	2600 ~ 3300
메리츠증권	2800 ~ 3450
삼성증권	2800 ~ 3400
신영증권	2710 ~ 3300
신한금융투자	2850 ~ 3500
키움증권	2950 ~ 3450
한화투자증권	2800 ~ 3400

자료: 각 사

망대로라면 연말에 기준금리가 2%가 된다.

　미국도 금리 인상을 공론화하고 있다. 미국 제롬 파월 연방준비제도(Fed·연준) 의장 높은 인플레이션이 고착화되지 않도록 쓸 수 있는 수단을 모두 쓸 거라고 얘기해 금리 인상 가능성을 내비쳤다. 연준 내에서도 인플레이션이 이전보다 지속성과 불확실성이 확대됐다는 언급이 꾸준히 하고 있다. 인플레이션을 막기 위해 유동성 공급을 줄이는 테이퍼링(자산매입 축소)을 가속화하는 건 물론 금리인상을 준비해야 한다는 언급도 했다. 금리 인상이 정식으로 거론되고 있다. 그 영향으로 연방선물기금으로 추정한 2022년 미국의 기준 금리 인상 예상 횟수가 2.8회로 올라왔다. 이 전망대로라면 2022년 말에 미국의 기준금리는 0%대를 벗어날 수 있다.

>>> 금리 인상과 유동성 공급 축소에 따른 부담 감안해야

　연준이 기준금리를 인상해도 여전히 0%대여서 문제 될 게 없다는 시각이 있지만 그렇게만 볼 게 아니다. 코로나19 발생 이후 주가를 끌어올린 최대 동력은 낮은 금리와 엄청난 규모의 유동성 공급이다. 금리를 내린 폭이나 돈을 푼 규모가 상상을 초월하기 때문에 대단히 빠른 주가 상승이 이루어졌다. 금리 인상은 상승 동력이 사라진다는 의미가 된다. 지금처럼 높은 주가에서는 상승 동력이 조금만 약해져도 시장이 요동을 칠 수 있다.

　유동성 공급 축소는 문제가 더 심각하다. 코로나19가 시작되기 직전인 2019년 말에 미국의 국내총생산(GDP) 대비 총통화(M2) 비율은 70.6%였다. 2020년 8월 해당 비율이 94.4%로 상승했다. 8개월 사이에 비율이 무려 23.8%포인트나 급등했다. 2008년 금융위기 때에는 2008년 초 51%였던 해당 비율이 2009년 말에 58%로 7%포인트 증가하는 데 그쳤다. 금융위기보다 코로나19 때에 3배 넘는 돈이 공급된 것이다. 비슷한 지표가 또 있다. 2000년 1월 총통화 수준을 100으로 환산한 미국의 유동성 지수가 2019년 말 328.5에서 2020년 8월에 393.9로 올라왔다. 글로벌 금융위기 때에는 2008년 초 160.8에서 2009년 말 182로 21.2포인트 오르는데 그쳤던 것과 비교된다.

이렇게 공급된 돈이 위험자산을 끌어올리는 역할을 했다. 금리가 낮으면 돈을 빌려서 투자할 때 치러야 하는 비용이 줄어든다. 그만큼 자금이 고위험군 자산으로 돈이 몰릴 수 있는 여지가 생기는데 그 대상에 주식시장이었다. 그 덕분에 지금 경제지표와 비교한 미국 나스닥 시장 평가 정도가 사상 최대의 버블이 만들어졌던 2000년과 비슷한 수준이 됐다. 주가가 높은 상태여서 유동성이나 금리가 조금만 변해도 주가가 크게 출렁일 수밖에 없다. 방향은 밑일 것이다. 코로나19가 발생하고 1년 반 동안 엄청난 유동성 공급에 힘입어 주가가 상승했는데 그 부분이 사라질 경우 시장이 부담을 갖는 게 당연하다.

>>> 마땅한 성장주가 없는 점이 걸림돌

시장 내부적으로 마땅히 투자할 종목이 없는 점이 문제다. 미국은 애플·구글·아마존·테슬라 등 세계적으로 관심을 끌고 있는 기업들을 보유하고 있다. 이들이 시장에서 큰 비중을 차지하고 있어 주가가 조금만 올라도 전체 지수가 상승한다. 우리도 네이버, 카카오와 2차 전지, 바이오 기업 등이 있지만, 경제 전체에서 차지하는 비중이나 가시적인 성과 면에서 미국과 비교가 되지 않는다.

2022년은 성장을 찾기 힘든 시간이 될 것이다. 코로나19 발생 직후 각종 정책에 힘입어 높아졌던 성장률이 2021년 하반기에 낮아지기 시작해 평년 수준으로 돌아오고 있다. 성장을 찾기 힘들어질수록 시장은 강한 성장을 유지하고 있는 기업에 높은 점수를 주지만 우리시장에는 이를 흡수할 만한 주자가 없다.

코로나19 발생 초기에는 우리나라도 성장 기업을 많이 보유하고 있었다. 코로나19 관련 산업이 높은 성장을 기록했기 때문이다. 비대면 활성화로 인터넷과 전자 상거래, 바이오, 게임 등이 주목을 받았던 게 대표적인 예다. 문제는 이 업종의 상당수가 자기 실력보다 특수의 영향을 봤다는 점이다. 자체 동력이 약해 질병의 영향력이 줄고, 주가가 올라간 후에 더는 높은 성장을 기대하기 힘든 상태로 변했다. 그 영향이 2022년 주식시장에서 본격적으로 나타날 것이다. **E**

간접·분산 투자로 전환
상장지수펀드(ETF) 인기 이어갈까?

YES 80%

강민혜 기자

2021년 주식시장에선 상장지수펀드(ETF)가 큰 인기를 끌었다. 코스피 지수가 박스권에 갇히면서 직접투자보다 간접투자로 눈을 돌리는 개인투자자들이 많아졌기 때문이다. 자산운용사들도 늘어난 수요에 발맞춰 '테마형 액티브 ETF' 상품을 연일 쏟아냈다. 이러한 흐름은 2022년까지 이어질 전망이다. 정부는 ETF 시장 활성화를 위해 규제 완화를 검토 중이고, 은행권 퇴직연금 ETF 투자 규모의 성장도 예상된다. 투자 유망 테마로는 친환경과 바이오, 메타버스 등이 거론된다.

한국거래소에 따르면 2021년 국내 ETF 시장 순자산총액(12월 10일 기준)은 70조6000억원이다. 2020년(52조원)보다 37% 늘었고, 5년 전(25조원)과 비교하면 183% 성장했다. 하루 평균 거래대금은 2조9889억원에 달한다. 이는 미

gettyimagesbank

국(약 1302억만 달러·154조원)과 중국(82억만 달러, 한화 약 9조원)에 이은 전 세계 3위 수준이다. ETF는 코스피200 등 특정 지수의 움직임에 연동해 수익률이 결정되는 상품이다. 유가증권시장(코스피)에 상장돼 주식처럼 쉽게 매매할 수 있고, 펀드 대비 낮은 운용보수와 큰 분산투자 효과가 장점으로 꼽힌다. 최근 1년 사이 증시 변동성 확대로 간접·분산투자 선호 심리가 부상하면서 ETF 시장에 투자자들의 자금이 크게 쏠렸다.

현재 우리나라 증시에 상장된 ETF는 529개다. 이 가운데 국내외 주식에 자산의 대부분을 투자하는 ETF(국내주식 288개, 해외주식 110개)가 총 398개로 전체의 75.2%를 차지하고 있다. 나머지는 채권과 선물, 파생상품 등에 투자하는 상품이다. 국내 주식형 ETF의 2021년(1월 1일~12월 13일 기준) 평균 수익률은 4%로 코스피 지수(1.94%)의 수익률을 3.06%포인트 상회했다.

>>> 국내 ETF 시장 70조원…일평균 거래대금 세계 3위

국내 주식형 ETF 중 2021년에 가장 좋은 성과를 낸 건 미래에셋자산운용의 'TIGER 미디어컨텐츠'다. 수익률이 62.80%로 전체 평균(4%)을 훌쩍 웃돌았다. 해당 ETF는 플랫폼 사업 진출, 주요 아티스트 해외투어 재개 등으로 주가가 오른 대형 엔터 4사(JYP·SM·HYBE·YG)에 자산의 38.67%를 투자하고 있다. 두 번째로 성적이 좋았던 ETF는 KB자산운용의 'KBSTAR 게임테마'다. 2021년 수익률이 61.46%에 달한다. 주요 투자처인 위메이드(14.49%)는 대체불가능한토큰(NFT) 적용 게임(미르4 글로벌) 출시로 2021년 한 해 동안 주가가 732% 폭등했다. 세계적인 전기차 보급 확대 정책 여파로 '2차전지(전기차 배터리)' 관련 기업에 투자하는 삼성자산운용의 'KODEX 2차전지 산업(46.55%)' ETF도 수익률이 좋았다.

반면 바이오·헬스케어 관련 ETF는 부진한 성과를 냈다. 신종 코로나바이러스 감염증(코로나19) 사태로 2020년에 큰 수혜를 입었지만, 2021년 들어 백신 접종이 가속화하며 신약 개발 기대감이 줄어든 탓이다. 진단키트 수요 감소로 관련 기업 주가가 내리막을 탄 점도 영향을 미쳤다. 수익률 최하위는 미래에셋자산운용의 'TIGER 코스닥150바이오테크' ETF로 2021년 수익률이 -32.31%에 그쳤다. 해당 ETF는 한국거래소가 발표하는 '코스닥 150 생명기술 지수'를 추종하며, 셀트리온헬스케어에 자산의 17.40%를 투자하고 있다.

개인투자자들은 국내뿐 아니라 미국과 중국 등 해외로도 ETF 투자 시야를 넓혀가고 있다. 2021년 해외 주식에 투자하는 110개 ETF엔 7조원 이상의 돈이 새로 유입됐다. 같은 기간 국내 주식 ETF에 들어온 자금(6조2000억원)을 웃도는 규모다. 평균 수익률은 29.47%로 국내 주식 ETF 평균(4%)보다 약 7배 높았다.

다만 해외 주식 ETF 성과는 국가별로 갈렸다. 수익률 상위 종목엔 미국 지수 추종 ETF가 포진했다. 1위는 한국투자자산운용의 'KINDEX미국 S&P500'로 2021년 수익률이 37.47%다. 해당 ETF는 미국 시장을 대표하는 대형 우량주 500개로 구성된 S&P500 지수를 추종하는데, 특히 마이크로소프트(6.40%), 애플(5.94%), 아마존닷컴(3.87%), 알파벳A(2.23%), 테슬라(2.15%)에 대한 투자 비중이 높다. 마벨 테크놀로지 그룹(3.19%), 퀄컴(3.16%), 자일링스(3.16%), 엔비디아(3.02%) 등 미국 나스닥 상장 반도체 기업에 주로 투자하는 한화자산운용의 'ARIRANG미국나스닥테크'도 37.25%의 높은 수익률을 보였다.

수익률 하위 종목은 중국 기술주를 담고 있는 ETF가 많았다. 특히 홍콩 증시에 상장한 중국 대형 기술주로 구성된 항생테크지수 추종 ETF들이 평균 17~18%대 마이너스 수익률을 냈다. 한국투자신탁운용의 'KINDEX차이나항생테크(-18.15%)', KB자산운용의 'KBSTAR차이나항생테크(-17.95%)' 등이 대표적이다. 샤오미, 알리바바, 바이두 등 항생테크 주요 기술주들은 2021년 중국 정부의 플랫폼, 게임 등에 대한 각종 규제로 큰 영향을 받았다.

2022년에도 ETF 투자 인기는 지속될 전망이다. 메타버스와 환경·사회·지배구조(ESG), 신재생에너지, 모빌리티 등 시장의 관심이 높은 신사업 테마 상품이 쏟아지고 있는 데다 정부의 규제 완화로 주식형 액티브 ETF 상장도 본격화돼서다. 한국거래소 관계자는 "2021년에만 테마형 주식형 액티브 ETF가

국내 ETF 시장 규모

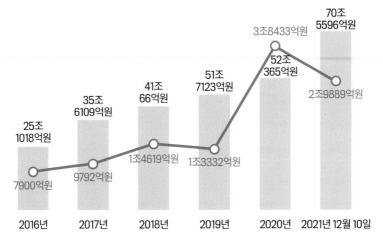

■ 순자산총액   ○ 일평균 거래대금

- 2016년: 25조 1018억원 / 7900억원
- 2017년: 35조 6109억원 / 9792억원
- 2018년: 41조 66억원 / 1조4619억원
- 2019년: 51조 7123억원 / 1조3332억원
- 2020년: 52조 365억원 / 3조8433억원
- 2021년 12월 10일: 70조 5596억원 / 2조9889억원

자료: 한국거래소

2022년에도 ETF 투자 인기는 지속될 전망이다.
신사업 테마 상품이 쏟아지고 있는 데다 정부의 규제 완화로
주식형 액티브 ETF 상장도 본격화돼서다.

2022년 유망 상장지수펀드(ETF)

※설정액은 2021년 12월 13일 기준

투자 테마	종목	운용사	설정액
코스닥 바이오	TIGER 코스닥150 바이오테크	미래에셋	76억9500만원
친환경	KODEX K-신재생에너지 액티브	삼성	669억7800만원
	TIGER MSCI KOREA ESG리더스	미래에셋	249억3000만원
	ARIRANG ESG가치주액티브	한화	1341억2000만원
콘텐트	TIGER 미디어컨텐츠	미래에셋	951억4900만원

자료: NH투자증권, KB증권, 에프앤가이드

21종목이나 상장했다"며 "ETF 시장에 처음 진입한 타임폴리오자산운용, 메리
츠자산운용, 에셋플러스자산운용도 첫 종목으로 주식형 액티브 ETF를 선보였
다"고 말했다.

>>> 액티브 테마형 상품이 ETF 성장 주도

주식형 액티브 ETF는 일반적인 ETF처럼 단순 지수(코스피 200 등) 추종
에 그치지 않고, 지수보다 높은 수익을 목표로 펀드매니저가 운용에 적극 참여
하는 상품이다. 당국이 제한한 '상관계수 0.7' 규정에 따라 펀드 자산의 70%는
추종지수가 담고 있는 종목에 투자하고, 나머지 30%는 펀드매니저가 선별한
종목에 투자한다. 주식시장에서 쉽게 사고팔 수 있는 ETF의 장점에 적극적인
운용 전략으로 수익을 높이는 액티브 펀드의 장점이 더해져 투자자들의 큰 관
심을 샀다.

일례로 2021년 5월 25일 동시 상장한 4개 자산운용사의 주식형 액티브
ETF 8종엔 출시 첫날에만 95억원의 개인투자자 자금이 몰렸다. 미래에셋자
산운용의 '퓨처모빌리티액티브' ETF 등 4종은 당일 개인 순매수 EFT 순위
5~8위에 이름을 올리기도 했다. 수익률도 낮지 않다. 주식형 액티브 ETF 8종
은 최근 6개월간 평균 17%의 수익률(2021년 12월 10일 기준)을 냈다. 같은 기
간 코스피 지수는 94.48% 하락했다.

금융투자업계에선 향후 액티브 상품을 중심으로 ETF 시장이 확대될 것으
로 보고 있다. 김후정 유안타증권 연구원은 "액티브 ETF는 메타버스, ESG,
신재생에너지, 모빌리티 등 장기적 성장성을 기대할 수 있는 분야에 투자하는

경우가 많다"며 "이에 따라 투자자들도 중장기 투자 대안으로 액티브 ETF를 선택하고 있다"고 말했다. 이어 "액티브 ETF로 투자 자금이 모이면서 기존에 ETF가 없었던 운용사들도 액티브 ETF 시장에 적극적으로 뛰어들고 있는 상황"이라고 덧붙였다.

금융당국이 액티브 ETF와 기초지수의 상관계수를 현행 0.7에서 그 밑으로 낮추는 방안을 검토하고 있는 점도 주목된다. 액티브 ETF 운용 자율성을 좀 더 보장해 해당 시장을 활성화하겠다는 취지다. 상관계수 인하 시점은 2022년 상반기로 예상된다. 한국투자신탁운용 관계자는 "액티브 ETF 운용 성과엔 펀드매니저의 종목 분석 등에 따라 달라지기 때문에 상관계수가 인하되면 펀드매니저들이 보다 적극적으로 지수 초과 수익률 추구에 나설 수 있고, 장기적으론 액티브 ETF 상품 출시도 늘어나게 될 것"이라고 말했다.

252조원에 달하는 퇴직연금 시장 자금이 저축에서 투자로 이동하고 있는 점도 향후 ETF 시장을 키울만한 요소다. 금융투자업계에 따르면 2021년 1분기 2조9613억원이던 연금 ETF 투자 규모는 같은 해 2분기 4조5000억원으로 3개월 만에 2배가량 뛰었다. 한국거래소 관계자는 "2019년 이후 연금계좌의 소득공제 및 과세이연, ETF의 투자 편의 및 분산투자 등의 장점을 활용한 연금 ETF 투자가 지속해서 늘고 있다"며 "최근 주요 시중은행 연금계좌에서 ETF 투자가 가능해졌기 때문에 연금 ETF 투자 규모는 더욱 증가할 것"이라고 말했다.

그렇다면 2022년엔 어떤 ETF에 투자해야 할까. 금융투자업계 전문가들은 ESG와 신재생에너지, 전기차 등 친환경 테마가 ETF 투자 트렌드의 한 축을 담당할 것으로 전망한다. 미국과 유럽 등 세계 주요국 정부가 친환경 정책을 수립하고 구체적인 실현에 나서고 있어서다. 오광영 신영증권 연구원은 "2022년

getty imagesbank

주요 8종 국내 주식형 액티브 ETF 수익률

※2021년 12월 13일 기준

운용사	펀드	설정액	1개월	3개월	6개월
미래에셋	TIGER 글로벌BBIG액티브	595억원	-2.16%	3.22%	22.28%
삼성	KODEX K-신재생에너지액티브	669억원	-2.99%	3.66%	17.73%
타임폴리오	TIMEFOLIO BBIG액티브	227억원	-2.18%	5.27%	16.37%
미래에셋	TIGER 퓨처모빌리티액티브	606억원	0.35%	6.23%	16.13%
한국투자신탁	네비게이터 친환경자동차밸류체인액티브	307억원	0.13%	6.25%	12.13%
삼성	KODEX K-미래차액티브	599억원	0.20%	3.69%	3.79%
타임폴리오	TIMEFOLIO Kstock액티브	564억원	0.52%	3.94%	3.48%
한국투자신탁	네비게이터 ESG액티브	346억원	0.59%	-0.76%	-3.91%

자료: 에프앤가이드, 각 사

에는 유럽의 그린딜, 미국의 친환경 정책 관련 자금이 본격적으로 집행될 예정"
이라며 "이에 따라 탄소중립과 친환경 테마가 다시 관심을 받게 될 것"이라고
말했다.

>>> ESG·신재생에너지 등 친환경 테마 주목

전 세계적으로 일고 있는 에너지대란도 친환경 테마 ETF에 주목해야 하는
이유다. 세계은행(WB)은 최근 보고서를 통해 "2022년 하반기 공급망 긴장이
완화된 이후에야 에너지 가격 상승이 꺾일 것"이라며 "2022년 에너지 가격은
2021년보다 80% 이상 상승할 수 있다"고 전했다. 실제로 국제유가와 천연가
스 및 석탄 가격은 2021년 말 급등세를 보이고 있다. 2020년 4월 최저가(배럴
당 23.38달러)를 기록한 두바이유 가격은 2021년 12월 80달러까지 치솟았고,
같은 달 호주 뉴캐슬탄 가격은 1t(톤)당 240.73달러로 역대 최고가를 기록했다.

공원배 KB증권 연구원은 "각국의 친환경 정책과 최근 에너지 가격 급등은
역설적으로 클린에너지에 대한 수요를 높일 전망"이라며 "향후 빈번할 화석연료
가격 급등은 신재생에너지(원전 포함)으로의 전환을 더 가속화하는 결과를 낳
을 것"이라고 분석했다. 투자 유망 ETF로는 'FnGuide K-신재생에너지 플러
스 지수'를 추종하는 삼성자산운용의 'KODEX K-신재생에너지액티브'를 꼽
았다. 12월 15일 기준 포트폴리오엔 풍력타워 제조기업 씨에스윈드(8.21%), 해
상풍력발전 구조물 제조기업 삼강엠앤티(7.94%) 등이 담겨있다. 최근 6개월 수
익률은 13.07%다.

2021년에 상대적으로 외면 받았던 코스닥바이오 테마 ETF도 눈여겨봐야

할 분야다. 공 연구원은 "2021년에 부진한 주가를 보였던 코스닥 바이오 테마의 가격 메리트가 높다"며 "2022년 한국의 헬스케어 산업 영업이익이 미국과 서유럽, 일본의 성장률을 크게 상회할 것으로 예상되는 점도 주목해야 한다"고 말했다. 유망 ETF로는 2021년 수익률 최하위였던 미래에셋자산운용의 'TIGER코스닥150바이오테크'를 꼽았다. 그는 "위드코로나 등으로 경제 활동이 정상화되면 주요 투자처인 건강관리 기업들의 임상 시험 활동이 재개될 것이고, 이들이 코스닥 강세를 주도하게 될 것"이라고 내다봤다.

2021년 증시를 주도한 '메가트렌드' 메타버스 테마에 대한 인기는 당분간 이어질 전망이다. 강대석 유진투자증권 연구원은 "국내는 물론 미국 등 세계적으로 메타버스에 대한 관심이 지속되는 상황"이라며 "향후 메타버스 관련 기업들의 기술 개발 상황 및 상용화 가능성이 해당 테마 ETF의 추가 상승 여력으로 작용할 것"이라고 말했다. 강 연구원은 또한 "국내 메타버스 ETF는 SM과 HYBE 등 엔터테인먼트 산업 비중과 위메이드 펄어비스 등 게임 산업 비중이 높은 편이지만 미국 메타버스 ETF는 엔비디아나 애플의 비중이 높다"며 "국내가 콘텐트에 집중하는 것과 달리 미국에선 좀 더 제반 기술이나 하드웨어에 주목하는 점을 고려해 투자 상품을 골라야 한다"고 조언했다. **E**

수익형 부동산 인기
새해에도 계속 뜨거울까?

YES 70%

박지윤 기자

2021년 활기를 띠던 상업·업무용 부동산의 인기는 2022년에도 이어질 것으로 보인다. 신종 코로나바이러스 감염증(코로나19) 팬데믹으로 건물주들의 손바뀜 현상이 자주 나타나고, 일상 회복을 대비해 미리 선점해놓는 투자자들이 늘어나고 있기 때문이다. 업계에서는 아파트값이 고공행진 하는 동안 상업·업무용 부동산의 가격은 상대적으로 변동이 적었기 때문에 저평가됐다는 인식도 영향을 끼치고 있다.

다만 2022년에는 수익형 부동산 상품별로 양극화 현상이 심화할 것으로 관측된다. 소형 상가, 소형 오피스텔 등 전통적인 수익형 부동산 상품은 경기 불황, 공급 과잉, 대출 규제 등으로 매매 시장에서 다소 약세를 보일 것으로 보인다. 반면, 생활형숙박시설(생숙), 도시형생활주택(도생) 등은 주택 시장 규제로 인

한 풍선효과로 강세를 보일 것으로 예측된다.

국토교통부 실거래가 공개 시스템 통계를 분석한 결과 2021년 1~10월까지 전국 상업·업무용 부동산 거래량은 28만1747건을 기록했다. 2020년 24만9459건과 비교하면 약 13% 증가한 수준이다. 코로나19로 내수 경기가 위축된 것을 감안하면 이례적인 거래량이다. 반면, 같은 기간 주거용 부동산 거래량은 148만345건에서 128만8157건으로 13% 가량 감소했다.

특히 5대 광역시의 상업·업무용 부동산 거래량이 눈에 띈다. 2021년 1~10월 5대 광역시의 상업·업무용 부동산 거래 건수는 5만1151건을 기록했다. 관련 통계를 작성하기 시작한 2006년 이후 역대 최고치를 갈아치웠다. 상업·업무용 부동산 거래량이 가장 많은 곳은 부산으로 조사됐다. 2021년 1~10월 부산의 상업·업무용 부동산 거래 건수는 2만4470건이다. 이어 대구 1만613건, 광주 6471건, 대전 5831건, 울산 3766건 순으로 조사됐다.

서울도 마찬가지다. 2021년 1~10월 서울의 상업·업무용 부동산 매매 총액은 약 42조4991억원, 건수는 1만6524건이었다. 총액과 건수 모두 관련 통계 집계가 시작된 2006년 이래 가장 큰 규모로 집계됐다.

수익형 부동산의 인기는 경매 시장에서도 뜨겁다. 법원경매 전문기업 지지옥션에 따르면 2021년 11월 상가(근린상가, 점포, 아파트 상가, 오피스텔 내 상가 등 포함)의 낙찰가율은 148.4%로 2021년 들어 월간 최고치를 기록했다. 총 응찰자수(156명)와 평균 응찰자수(13.0명)도 2021년 가운데 가장 많았다.

>>> 상가·오피스텔서 도생·생숙·지산까지 다양화

상가나 오피스텔 정도에 머물렀던 수익형 부동산은 최근 도시형생활주택·생활형숙박시설·지식산업센터 등으로 범주를 넓혀나가고 있다. 수요자들이 정부의 고강도 규제 때문에 상업·업무용 부동산으로 눈을 돌린 영향이다. 상업·업무용 부동산은 아파트에 비해 전매가 자유롭고, 주택 수에도 포함되지 않기 때문에 다주택 관련 과세 대상에서 제외된다. 대출도 상대적으로 수월하게 받을 수 있다.

수익형 부동산을 상품별로 세부적으로 살펴보면 오피스텔의 경우 2021년 청약 광풍이 불었다. 2021년 1~9월 서울·경기 오피스텔 매매 거래량은 2만 8273건으로 전년 동기 대비 48% 늘어났다. 정부가 고강도 부동산 규제를 아파트에 집중시키면서 상대적으로 규제가 없는 오피스텔에 실수요자와 투자자가 동시에 몰렸기 때문이다.

주거 용도로 사용할 수 없는 생활형숙박시설과 달리 오피스텔은 주거 용도로 사용할 수 있다. 오피스텔과 아파트의 가장 큰 차이는 발코니 확장 여부다. 아파트와 달리 오피스텔은 발코니를 확장할 수 없기 때문에 상대적으로 좁다는 인식이 강했다. 하지만 청약 가점이 낮고 대출 여력이 부족한 신혼부부 등 실수요자들은 아파트의 대안으로 오피스텔을 찾고 있었다.

게다가 오피스텔은 아파트에 적용되는 규제들을 모두 벗어났다. 오피스텔은 2021년까지 시세 70~80%까지 주택담보대출을 받을 수 있고 다주택자라 역시 동일한 금액을 받을 수 있다. 100실 미만으로 분양할 경우에는 분양가 상한제도 적용받지 않는다. 재당첨제한도 없어 당첨이 되더라도 다른 아파트 청약을 넣을 수 있고 조정대상지역을 제외하고 전매 제한도 없다. 오피스텔은 아파트와 달리 다주택자에 대한 취득세율 중과도 없다. 오피스텔은 100채를 사더라도 취득세율은 4.6%로 동일하다.

하지만 오피스텔 청약 광풍이 불자 정부는 아파트뿐 아니라 오피스텔에도 규제를 강화했다. 2022년 1월부터 오피스텔을 포함한 상가와 토지, 주상복합 등에 총부채원리금상환비율(DSR) 규제를 적용할 계획이다. 이 때문에 아파트와 구조가 비슷하고 호텔과 달리 실내 취사 등도 가능한 생활형숙박시설로 투자자들의 관심이 옮겨갈 것으로 보인다.

오피스텔은 실사용 용도에 따라 세법상 주택으로 인정하는 여부가 달라진다. 오피스텔이 업무용으로 평가받으려면 세입자가 사업자 지위를 유지해야 하고 주거용으로 사용하면 안 된다. 세입자에게 전입신고를 못하게 하는 등 편법을 사용하더라도 실제 주거용으로 사용한다면 주택으로 판정돼 종부세 대상에 들어간다.

5대 광역시 상업·업무용 부동산 거래량 추이

※매년 1~10월 기준

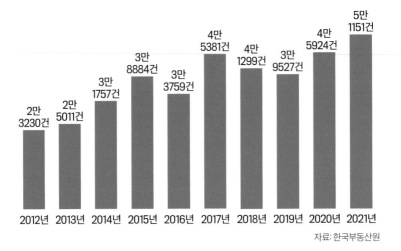

연도	거래량
2012년	2만 3230건
2013년	2만 5011건
2014년	3만 1757건
2015년	3만 8884건
2016년	3만 3759건
2017년	4만 5381건
2018년	4만 1299건
2019년	3만 9527건
2020년	4만 5924건
2021년	5만 1151건

자료: 한국부동산원

**부동산 규제가 주택시장에 몰리면서 갈 곳 잃은 투자금이
지식산업센터로 더욱 몰릴 것으로 예측된다.**

서울 수익형 부동산 매매 거래액과 거래량

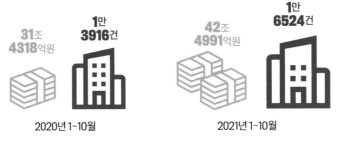

2020년 1~10월	2021년 1~10월
31조 4318억원 / 1만 3916건	42조 4991억원 / 1만 6524건

자료: 국토교통부

반면 생활형숙박시설은 대출 규제에서 자유롭고 분양권 전매도 가능해 투자 목적으로 부동산 상품을 고민하는 투자자들에게 인기가 있다. 주택법이 아닌 건축법의 적용을 받아 주택 수 산정에 포함되지 않아 종합부동산세 걱정이 적기 때문이다. 양도세와 취득세 중과에서도 벗어난다.

2022년에는 수익형 부동산의 대세 상품이 오피스텔에서 생활형숙박시설로 옮겨갈 가능성이 클 것으로 보인다. 생활형숙박시설은 분양권 전매가 가능하며 대출 규제에도 해당하지 않는다는 장점도 있기 때문에 오피스텔 규제로 고민하던 투자자들에게는 적합한 대체 상품이 될 수 있다.

또 수도권 등 도심에 공급되는 생활형숙박시설은 호텔 수준의 서비스를 제공하고 내부 설계도 주택과 비슷하게 적용해 1인 가구와 현금부자들에게 꾸준한 수요를 받고 있다. 다만 신혼부부·청년 등이 분양을 받아 실거주하는 용도보다 분양받은 후 프리미엄을 기대하거나 준공 후 임대 수익을 얻으려는 투자자들의 관심이 더 뜨거울 전망이다. 아파트와 다르게 전세보증금을 활용한 잔금 납부가 어렵기 때문에 생활형숙박시설 전체 분양가의 40% 이상은 현금으로 보유하고 있어야 한다.

>>> 전통상가, 공실 리스크 이어질 듯

코로나19가 장기화하면서 자영업이 무너지고 상가공실률도 급격하게 치솟고 있다. 한국부동산원 자료에 따르면 서울 명동 소규모 상가(2층, 330㎡ 이하) 공실률은 2021년 3분기 기준 43.3%를 기록했다. 코로나19 확산세 이전인 2020년 2분기만 해도 공실률이 0%였던 것에 비하면 타격이 큰 것이다.

서울 다른 지역도 마찬가지다. 2021년 3분기 기준으로 광화문 소규모 상가 공실률은 19.3%를 기록했다. 서울의 압구정(17.1%), 홍대·합정(24.7%), 이태원(18.0%) 등은 모두 20% 안팎의 공실률을 나타냈다. 중대형 상가(3층 이상, 330㎡ 초과)도 상황은 다르지 않다. 명동(47.2%), 광화문(23.0%), 홍대·합정(17.7%), 혜화(19.0%) 등 서울 주요 상권이 모두 큰 타격을 입었다.

공실률이 높아지고 상권이 무너진 가운데 규제가 덜한 투자처를 찾는 투자자들은 대체 투자처로 상업용부동산을 주목하고 있다. 코로나19가 장기화하는 와중에도 사태가 잠잠해지면 다시 여의도, 광화문, 강남 등 서울 3대 업무지구 주요 상권이 활성화할 것이라는 기대감 때문이다.

상업용 부동산의 투자수익률은 상승세를 보이고 있다. 한국부동산원 부동산 통계에 따르면 전국 상업용 부동산 투자수익률은 코로나19가 대유행하던 2020년 2분기와 3분기에 각각 1.27%, 1.15%를 기록했다. 하지만 백신 접종이 본격적으로 시작된 2021년 2분기엔 1.78%를 기록하며 상승세를 보였고, 3분기엔 1.61%로 약간 떨어지긴 했지만 전년 동기보다는 높은 수치를 기록했다.

부동산 경매 시장에서도 상업용 부동산의 인기는 뜨겁다. 2021년 11월 진행된 서울 강남구 청담동의 4층짜리 건물 경매에는 120명의 응찰자가 몰렸다. 2021년 서울에서 진행된 상업용 건물 중 가장 많은 숫자다. 2017년 완공된 이 건물은 토지 면적이 168.5㎡여서 '꼬마빌딩'으로 분류된다. 감정가는 52억1900만원이었지만 낙찰가는 거의 두 배 수준인 102억5100만원이었다.

부동산 전문가들은 상가를 투자할 때는 도면과 동선 체크가 필수적이라고 조언한다. 상가 투자는 매각 차익보다는 임대 수익이 주 목적이기 때문에 상가에 따라 어떤 업종이 미리 점유하고 있는지 파악하는 것이 중요하다는 분석이다. 상가의 위치나 출입구 위치, 유동 인구 등을 사전에 꼼꼼히 확인해야 하는 것이 투자에 필수적이라는 조언이다. 유동인구가 늘어나는 효과를 지닌 프랜차이즈 업체가 들어와있는지도 확인해보는 것이 좋다.

>>> 지식산업센터, 대출 규제 제외

지식산업센터도 아파트의 대체 투자 상품으로 떠오르면서 반사이익을 톡톡히 누린 수익형 부동산 상품 중 하나다. 양도세 중과 대상에서 제외할뿐 아니라 시세의 최대 80%까지 대출이 나오기 때문이다. 최근 들어 지식산업센터는 우수한 입지, 화려한 외관 등으로 기존 오피스의 대체 수단으로 떠오르면서 나날이 인기를 더해가고 있다.

하지만 지식산업센터 역시 투자에 앞서 공실률, 산업단지 포함 여부, 입지 등을 꼼꼼히 따져봐야 한다. 지식산업센터는 제조형·지식산업·정보통신산업의 사업장을 비롯한 지원시설 등이 복합적으로 입주할 수 있는 3층 이상의 집합 건축물이다. 용도에 따라 '제조형 지식산업센터'와 '업무형 지식산업센터'으로 나뉜다. 과거 아파트형 공장으로 불렸던 제조형 지식산업센터는 3층 이상의 동일 건물 내에 6개 이상의 공장이 주를 이루는 집합 건축물을 말한다. 제조형 지식산업센터의 가장 큰 특징은 '드라이브인 시스템'이다. 드라이브인 시스템을 통해 차량이 건물의 5~6층까지도 올라갈 수 있기 때문에 물건의 상하역도 용이하다. 제조형 지식산업센터는 이같은 특징으로 도심보다 차량 접근성이 좋은 수도권에 주로 위치하고 있다.

반면 업무형 지식산업센터는 업무용 부동산으로 외관상으로는 일반 업무용 오피스와 비슷하다. 서울 금천구 가산디지털단지, 서울 성동구 성수동, 서울 송

파구 문정동 등에 위치한 오피스 건물이 대부분 업무형 지식산업센터에 속한다.

2021년 10월 기준 공사 중이거나 완공한 지식산업센터는 1260개 수준이다. 이 가운데 약 80%가 수도권에 위치하고 있다. 서울에는 358개, 경기도에는 579개의 지식산업센터가 완공을 앞두거나 준공한 상태다.

앞으로도 부동산 규제가 주택시장에 몰리면서 갈 곳 잃은 투자금이 지식산업센터로 더욱 몰릴 것으로 예측된다. 대출이나 세금 등의 혜택을 누릴 수 있는 데다 업무용 부동산 거래가 증가하며 환금성까지 좋아지면서 비교적 안전한 투자처로 평가받고 있기 때문이다.

지식산업센터는 '산업집적활성화 및 공장설립에 관한 법률'(산집법)을 적용받아 대출 한도도 높다. 지식산업·정보통신산업 등을 지원하고 육성하기 위해 만든 상품이기 때문에 임대인과 수분양자에게 더 많은 혜택을 주고 있다. 대출은 최대 분양가의 80%까지 받을 수 있어 최소 투자 비용만 마련하면 지식산업센터에 투자할 수 있다. 지식산업센터를 수익형 상품뿐만 아니라 시세 차익형 상품으로 볼 수 있는 것이다.

하지만 지식산업센터 역시 주의해야 할 점들이 있다. 지식산업센터 건립지가 산업단지에 포함되는지를 확인해야 한다. 산업단지에 포함되는 지식산업센터를 분양받을 경우 추후에 임대할 수 없고 실사용해야 한다. 현재 수도권에 산업단지로 지정된 곳은 서울디지털산업단지·성남일반산업단지·동탄테크노밸리 등이 있다.

지식산업센터의 입지와 공급 물량도 꼼꼼히 봐야 한다. 입지에 따라 수요 공급의 불균형이 나타날 수 있고 특정 지역에 공급 물량이 몰리면 공실의 위험성도 커지기 때문이다. 지식산업센터가 기업체 관점에서 매력적인 위치에 있는지, 직원 출퇴근도 용이한지 등 다양한 시각으로 접근해야 한다는 게 전문가들의

2021년 3분기 서울 주요 상가 규모별 공실률

규모	지역	공실률	규모	지역	공실률
소형	명동	43.30%	중대형	명동	47.20%
	광화문	19.30%		광화문	23.00%
	압구정	17.10%		홍대·합정	17.70%
	홍대·합정	24.70%		혜화	19.00%
	이태원	18.00%		압구정	7.40%

자료: 한국부동산원, 알스퀘어

부동산 규제가 주택시장에 몰리면서 갈 곳 잃은 투자금이
지식산업센터로 더욱 몰릴 것으로 예측된다. 대출이나 세금 등의
혜택을 누릴 수 있는 데다 업무용 부동산 거래가 증가하며 환금성까지
좋아지면서 안전한 투자처로 평가받고 있기 때문이다.

강릉 공공임대형 지식산업센터 조감도.

의견이다. 기업들의 수요가 많고 교통이 편리한 지역에서 분양하는 지식산업센터의 인기는 2022년에도 탄탄히 이어질 것으로 보인다.

>>> 수익형 부동산 거래 줄지만 상승세 이어질 듯

수익형 부동산은 아파트처럼 단순 시세차익을 얻는 것이 아니기 때문에 안정적인 임대소득이 중요한 투자 포인트다. 수익이 기대보다 낮거나 오히려 손실이 발생하는 주요인은 바로 공실 문제다. 공실 여부에 상관없이 관리비는 고정적으로 지출해야 하고 대출을 받았다면 이자비용도 부담해야 한다. 일정 수준의 수익이 보장되지 않을 경우 기대 이하의 수익뿐 아니라 대규모 손실로 이어질 수 있다.

전문가들은 2022년 수익형 부동산 투자에 앞서 ▶옥석 가리기 ▶묻지마식 투자 피하기 ▶금리 인상을 대비한 투자 등을 확인하라고 조언한다. 가격이 싸다고 투자했다가 기대 이하의 수익 또는 손실을 보는 사례도 많기 때문이다. 또 좋은 위치에 있는 수익형 부동산이라고 해도 수요보다 공급이 많을 경우 하더라도 임차인을 구하지 못하거나 임대 수입이 낮아질 수밖에 없다.

최근 한국은행의 기준금리 인상으로 시중 금리 인상 속도가 가팔라지고 있는 데다 내수 경기 침체 우려가 존재하기 때문에 과도한 대출은 지양해야 한다는 게 전문가들의 의견이다. 대출 금리가 낮아지면 낮아질수록 레버리지 효과를 통해 수익률을 높일 수 있지만 반대로 금리가 높아지면 이자비용이 늘면서 수익률은 떨어질 수밖에 없다.

하지만 금리 인상에 따른 심리적인 위축으로 2022년 수익형 부동산의 거래량은 2021년에 비해 줄어들 수 있지만 영향은 제한적일 것으로 보인다. 수익형 부동산 시장은 완만한 상승세가 이어질 것으로 관측된다. 수익형 부동산이 주택시장에 비해 금리에 민감하긴 하지만 주택시장 규제의 풍선효과를 입는 데다 투자수요까지 몰려 자산가치가 상승하고 있기 때문이다. 현재 금리 수준도 1% 수준이기 때문에 향후 한두 차례 금리를 인상하더라도 수익형 부동산 시장에 미칠 영향은 매우 제한적이라는 분석이다. 다만 금리 인상에 따른 심리적인 위축으로 거래량은 줄어들 수 있을 것이라고 전문가들은 입을 모은다. **E**

2022
경제 대예측

초판 1쇄 인쇄   2021년 12월 28일
초판 1쇄 발행   2021년 12월 30일

지은이   이코노미스트 뉴스룸
발행인   박장희
부문 대표   이상렬

발행처   중앙일보에스(주)
주소   서울특별시 중구 서소문로 100 J빌딩 8~10층
홈페이지   www.economist.co.kr

디자인   임희정·김하나·김지영
인쇄   (주)타라티피에스
제작·판매팀 02-2031-1022

출판 등록   2008년 1월 25일 제2014-000178호

값   18,000원
ISBN 978-89-278-1279-1